パフォーマンスを上げる！ソフトテニスのコンディショニング

著 川上晃司

ベースボール・マガジン社

はじめに

コンディショニングとは
すべての準備作業

　日本のスポーツ指導の中に、「心・技・体」という３つの大きな柱があります。

　「心」はメンタルと言われ、自身のモチベーションや試合に対する緊張との付き合い方などを指します。「技」はテクニックと言われ、みなさんが練習している技術そのものです。「体」はフィジカルと言い、技術との関わりが深い体力的要素です。試合時間のすべてにおいて、最高のパフォーマンスを発揮できるスタミナなどが必要になります。

　本書『ソフトテニスのコンディショニング』は、スポーツの３つの柱、「心・技・体」を支えるものになります。

　私は、コンディショニングはすべての準備作業と考えています。ソフトテニスに取り組むみなさんにとっては、試合で勝つための準備作業になりますが、具体的に何をどのように準備すべきなのか、そのあたりを本書で紹介しています。

ソフトテニスという競技を安全かつ高いレベルで行っていくための準備としては、試合の日に体調を整えておくことが不可欠です。体調を整えるのは試合前日など直近の過ごし方も重要ですが、大切な試合に合わせた何日も前からの計画的な過ごし方（生活の仕方）も重要で、試合当日に調子のピークを持っていくという考え方になります。

　また、試合の日の持ち物や食事など、みなさんが普段から必要だと感じて準備されているもの以外にも、天候の急変やケガといった突発的な出来事に対して準備しておくことも求められます。選手としてのレベルが高くなれば高くなるほど、こうしたさまざまな準備が自身のパフォーマンスを引き上げ、大きな力を発揮できる要因になります。

　近年、ソフトテニスの試合においては、トレーナーの存在をよく目にします。トレーナーの仕事の多くは、選手のコンディションを整えることです。ただ、トレーナー1人でできる業務は限られます。本書にまとめた知識や情報を選手や指導者、保護者などソフトテニスに関わるすべての人が理解され、競技力の向上を目指していただければ幸いです。

川上晃司

CONTENTS

はじめに……2

特別対談　長江光一×川上晃司……8

本書の内容と使い方……14

第1章　コンディショニングとは……15

最高のパフォーマンスを発揮するための準備……16
パフォーマンス発揮に必要なピリオダイゼーション……20
Column　コンディショニングの成功談と失敗談……24

第2章　試合のときのウォーミングアップ……25

朝起きて「第1アップ」を、試合会場で「第2アップ」を行う……26

第1アップに最適なメニュー

足首／アキレス腱／ふくらはぎ……30
太ももの裏（ハムストリング）／伸脚→深伸脚／股割り→肩入れ……31
股関節の前／太ももの前／お尻……32
体側／上体を前に倒して左右に揺さぶる……33
回旋／肩の後ろ／腕の裏……34
手首、前腕の内側／手首、前腕の外側……35
肩甲骨……36
肩回し／両腕を回す……37
首……38
肩入れ／体側と肩関節のひねり／脇腹、腹筋……39
第2アップを経て、試合で最大限の力を発揮する……40

第2アップに最適なメニュー

脳の準備　呼吸法……42
眼のウォーミングアップ……43

神経系の準備　ボールバランス……44

Ｔ字バランス……45

ジャグリング……46

三半規管……47

体の準備　ウォーキングとジョギング……48

下半身のストレッチ……49

屈伸／伸脚／深い伸脚／開脚

上半身のストレッチ……52

肩入れ・上下／肩入れ・左右／体側と肩関節／肩甲骨の内転・肩関節の内・外旋／肩から胸部の抵抗動作／徒手抵抗

ランジ……56

ストレートランジ／サイド開脚ランジ／片腕伸ばしのストレートランジ／ランジツイスト

アキレス腱……60

ジャンピングタッチ（ストレート、サイド）／ジャンピングタッチ＆ランジ

競技の準備……63

肩関節の動きと筋肉への抵抗動作／キャッチボール／リアクションキャッチ／ペッパー

Column　試合の合間の過ごし方……68

第3章　休息のとり方……69

筋肉が疲労したらアクティブレストで回復させる……70

クーリングダウンに最適なメニュー

ジョギング＆ウォーキング……74

スタティック・ストレッチ……75

太もも裏、ふくらはぎ／太もも前／股関節、内転筋／お尻／腰／肩の後ろ／肩、腕／背中／肩の前、胸／体側／手首、前腕／首／お腹、背中／肩、背中

筋膜リリース……85

ふくらはぎ、アキレス腱／太もも前／股関節、内転筋／太もも外側／太ももなど

アイシング……87

アイシングの準備／氷のうのつくり方／クリアケースを使う／アイシングの方法

交代浴……90

睡眠……91

Column　その他の疲労回復法　水泳やマッサージ、気分転換など……92

第4章　ケガの予防と対処法……93

RICE処置とセルフコンディショニング……94
テーピングについて……96
テーピングの種類……97
足首の捻挫（靭帯損傷）／捻挫の対処法……98
捻挫の予防方法
カーフレイズ……99
トゥレイズ／チューブで負荷をかける……100
硬式テニスボールを足で／バランスディスクを用いて……101
足首を捻挫したときのテーピングの巻き方……102
肉離れ／肉離れの対処法……104
肉離れの予防方法
ハムストリング……105
ノルディック・ハムストリング／ルーマニアン・デッドリフト／ストレッチ①／ストレッチ②
ふくらはぎ……106
カーフレイズ／ストレッチ
ハムストリングを肉離れしたときのテーピングの巻き方……106
アキレス腱の痛み……107
アキレス腱断裂の検査と応急処置……108
アキレス腱炎や断裂の予防ストレッチとケア……109
アキレス腱、ヒラメ筋ストレッチ／下腿三頭筋ストレッチ／下腿三頭筋のケア
筋けいれん（こむら返り）……110
筋けいれんの解消法／ふくらはぎをけいれんしたときのテーピングの巻き方……111
腰の痛み……112
腰痛の対処法と予防方法……112
ハムストリング（太ももの後ろ）と腰部のストレッチ／臀部のストレッチ／腸腰筋のストレッチ／腰背部のストレッチ／脊柱起立筋・広背筋（背中）のストレッチ
肩の痛み（インピンジメント症候群）……114
肩の痛みの対処法……115
ラケットを使用したストレッチ／インナーマッスルのトレーニング／チューブを使って
ひざの痛み……116
ひざの痛みの対処法と予防方法……116

大腿四頭筋の筋膜リリース／大腿四頭筋ストレッチ／スクワット／ひざ伸ばし
シンスプリント……118
シンスプリントの処置法……118

第5章　トレーニング計画……119

年間計画を立てて実際にトレーニングを進める……120
小学生のトレーニング……126
Column　女子選手について考えるべきこと……128

第6章　食事のとり方……129

朝、昼、晩の3食をバランス良くきちんと食べる……130
試合のときはどんな食事をするべきか……134
Column　1日に必要なエネルギー量と摂取の目安……138

第7章　メンタルトレーニング……139

試合で実力を発揮するためのメンタル……140
目的を達成するためのメンタルトレーニング……144

第8章　暑さ対策……149

さまざまな気象条件やメンタルがもたらす熱中症……150
練習や試合で熱中症を起こさないためには……154

筋肉や腱の名称を覚えよう……156
おわりに……158

デザイン	有限会社ライトハウス
	アップライン株式会社
写真	松村真行
	伊藤 翼
イラスト	丸口洋平
編集	小野哲史
	伊藤 翼

本書で紹介する種目を実施した結果生じた事故や傷害について、著者・発行者は責任を負いません。
ご了承ください。

特別対談
長江光一×川上晃司

ウォーミングアップの
重要性に気づこう

長く日本ソフトテニス界のトップをひた走ってきた長江光一選手（ＮＴＴ西日本）と、ナショナルチームでトレーナーとして選手たちを支えてきた著者。約15年来の親交がある２人が、コンディショニングにおけるそれぞれの考えをぶつけ合った。

川上 長江選手はナショナルチームに入ったのが2006年？

長江 はい、2024年で19年目ですね。

川上 ナショナルチームのキャリアで言えば、20年ぐらいいた中堀成生選手（全日本選手権優勝９回。国際大会でも活躍）に次ぐ長さになるかな？

長江 そうですね。ただ僕の場合、大学１年で初めてナショナルチームに入った後、２年から４年までは外れて、全日本U-20のほうに行っていましたから。大学生活を満喫していて、ソフトテニスが下手になっちゃったんです（笑）。

川上 そうか、そうか。でも、今回のテーマのコンディショニングという意味では、長い間、そうやって自分の選手生命をキープして保っているのはすごいね。

長江 ありがとうございます。川上先生のおかげです。ナショナルチームで自分がシングルスを担当している頃、よく合宿で川上先生は、フットワークや切り返しのスムーズな動きを磨くなど、シングルスに特化したトレーニングを組んでくださいました。23歳から28歳ぐらいの５年間。今、思い出しても、気持ち悪くなりそうなきついトレーニングでしたが、こういうことをしないと勝てないんだなというメニューが多かったこ

とを覚えています。今の時代は情報があふれていて、たとえばフットワークにしても、みんな正しいことばかりやろうとします。僕の中では、ムダなこともしながら、成長していく段階でいらないものが切り捨てられていくのが大切かなと。川上先生の指導も、このステップをこういうふうに、と細かく言われるのではなく、「いろいろなステップをこの時間内にやりなさい」という感じだったので、若い頃にそういう経験ができたことが、ここまで長く今も元気にできている1つの要因かなと感じています。

川上　合宿では一緒にいろいろな映像を見たり、考えたりしたね。

長江　そうですね。あと、僕と先生の関わりで言えば、僕の高校時代、岡山理大附属高校まで何度か指導に来ていただきました。

川上　岡山理大附の大橋元司先生がもともと全日本のコーチをしていて、トレーナーとして入ってくれないかと。ソフトテニスの世界では、高校でトレーナーとして大会に帯同したのはそれが初めてだったんじゃないかな？　2003年の長崎インターハイで、高田商業（奈良）と岡山理大附が決勝戦をやったのは鮮明に覚えています。

長江　僕は当時1年生で、団体メンバーの4番手でした。緊張していてあまり覚えていませんが、試合前のウォーミングアップで、先生が両手でサインを出して、それを見てステップしたりジャンプしたりするアジリティをやりました。先生に「これは何のためにやるんですか？」と聞くと、「試合前だから心拍数を上げておくんだよ。試合が始まってから上げるようではダメだよ」と言われたことはすごく覚えています。試合直前に、ダッシュなどで心拍数を上げるように意識し始めたのは、そのときがきっかけでしたね。

試合後や練習後の疲労のとり方

川上　コンディショニングにおい

ては、試合後や練習後に疲労をとることも大切だけど、長江選手はそういうことをいつ頃から意識するようになった？

長江 本当にきちんと気を遣い始めたのは、25歳くらいからだと思います。僕はもともと体力があるほうで、あまり疲れない感じだったからです。今はすぐに疲れますけどね。だから20代半ばぐらいからはいろいろなケアの仕方をとり入れて、それも毎年変わっていって、今は逆にストレッチもあまりしなくなりました。

川上 それはどういう考えから？

長江 書籍などを読んで、1日激しく動いた後や筋トレをした後は、細胞や小さい筋膜が少し壊れているので、その状態でストレッチをやってふくらはぎやハムストリングをじわーっと伸ばすと、逆に引き裂いている、壊しているということでした。そこで激しく動いた後は、自分の治癒力を高めるために、リラックスするような副交感神経を優位にすることを意識しています。具体的には、ゆっくりのペースで10〜15分ジョギングしたり、ロードバイクをゆっくり10分間漕いだりします。それで心拍数を100ぐらいに持っていくと、副交感神経が優位になってリ

ラックスモードになる。それが終わったらすぐ水のシャワーを浴びて、体を冷やして帰るだけです。ストレッチは2年前から、激しく動いていないときにしっかり伸ばすやり方に変えました。それで疲れにくさや体のキレが出てきて、2023年の好成績につながったと思っています。

川上 いいですね、賛成です。運動後にストレッチしましょうという話は多く、本書でもそう述べているけれど、僕が一番やってほしいのはジョギングなんです。血液を循環させて、筋肉の生理作用を少しずつ沈静化させる。そうやって乳酸の代謝を高めてあげて、落ち着いているときにストレッチをするのが効果的です。とくに学生は、運動直後にストレッチをして

も、その後に帰宅する際、自転車や徒歩で体を動かすわけで、それなら同じ系統のジョギングをしたほうが有効なんです。ところで、長江選手はそういうケアのやり方を始めたのは、何かきっかけがあったの？

長江　右ひざの半月板をケガして手術した4年前ぐらいから体のキレが悪くなったんです。トレーニング方法とかケアの方法を変えないと、このまま消えていくなという危機感がありました。ある本を読んだ中で、お風呂を出る前に冷水でシャワーを浴びるのがいいと書かれていて、たとえば真冬にお風呂に入って、出るときはとても寒いですよね。でも、そこで2分間、冷水を浴びてから出ると、一度、体の芯から温めていることで、自然と体がポカポカするんです。しかも、体の疲労も少なくなってきました。始めた最初の頃は、真冬で寒くて大変でしたが、だんだん慣れていきましたね。

自宅でテニスのことは考えない

川上　ＮＴＴ西日本やナショナルチームでは、長江選手が年齢的には一番上だけど、年下の選手に生活面でアドバイスすることもある？

長江　ほとんど言わないですね。ＮＴＴでは本当にたまにピンポイントで言うだけです。時代の変化なのか、言い方の問題もあると思いますが、言うことでチームが良くない方向に行くこともあります。昔はペアを組んだ選手に私生活のことを指摘して失敗した経験もあるので、今は寄り添ってあげるぐらいの感覚です。

川上　コンディショニングに関して、今はたくさんの情報がある中で、若い選手はそれぞれ勉強したり、考えたりして過ごしている感じ？

長江　そうですね。チーム内競争が激しいので、練習をしっかりやるのはもちろん、ほかの人が見え

ないところでトレーニングしようとか、コンディションを整えるためにラーメンは控えようとか、高い意識で取り組んでいる選手は多いです。

川上　ラーメンの話が出たけれど、食事の面で気をつけていることはある？

長江　僕はほとんどなくて、試合1週間前から脂ものは控えるぐらいです。小麦系がダメなのでパンはもともとあまり食べないですし、ラーメンは好きですが、食べると体がだるくなる感じがあるんです。1週間前までは何でも普通に食べますが、試合が近づくと基本的には和食です。こういう食材を食べるというより、自分に合わないものは食べないようにしているイメージです。

川上　試合が近くないときは、多少だるくなってもいいという考え方？

長江　アスリートとしては良くないかもしれませんが、常に節制するのはストレスにもなるかなと。僕の中ではメンタルも大事だと思っています。以前はいろいろと気を遣いすぎて、家に帰ってもソフトテニスの動画を見たりして、それこそ1日中ソフトテニスのことを考えていました。その頃は勝つことはできたけれど、あまりテニスが楽しくなかったんです。それで3年前ぐらいから、家に帰ったらテニスのことは忘れようと思って、自宅ではテニスのことは一切考えないようにしました。すると、テニスコートに入ったときにフレッシュな気持ちで試合ができるようになりました。今までいろいろな道を通ってきて、今はそうなっていて、これがすべての人に当てはまるとは思いませんが、オンとオフの切り替えも大切だなと感じています。

大切にしてほしい ウォーミングアップ

川上 長江選手は、シングルスをやって、ダブルスもやって、ダブルスでもダブル前衛という戦術があったりして、さまざまな立ち位置からソフトテニスを見てきたので、長いこと継続して、第一線でテニスがやれていると思うし、それは本当にすごいことだと感じます。体のケアなどは一般的な理論もあるけれども、さっきも言っていたように、自分自身で何がいいかを評価することは、選手として大事なこと。この先、何年ソフトテニスを続けるのかはわかりませんが、今の姿勢を貫いて、自分の納得するところまで頑張ってほしいですね。今日はありがとう。最後に中高生や若い選手に向けて、長江選手からメッセージをお願いします。

長江 コンディショニングは、いろいろ試してほしいですが、一番大切なのはウォーミングアップですね。中高生は部活動がメインで、たとえば3時間の練習なら、ウォーミングアップは5分や10分程度で済ませるチームが多いと思います。それをできれば20〜30分やることで、ケガも少なくなるし、パフォーマンスの向上にもつながります。ウォーミングアップの重要性に気づいている人が少なすぎる気がしています。あと、練習後のケアも、部活動が終わった後に長い時間をとってストレッチを行うのはなかなか難しいと思うので、副交感神経を優位にするために、ジョギングを10分ぐらい行う。ウォーミングアップとクールダウンのジョギング、この2つをしっかりやることでコンディションも上がりますし、結果的にソフトテニスのパフォーマンスも絶対に上がっていきます。そこを意識して、ぜひ頑張ってください。今日はありがとうございました!

長江光一選手プロフィール

ながえ・こういち●1987年10月28日生まれ、岡山県出身。175cm。右利き。前衛。総社ジュニア→総社東中→岡山理大附高→早稲田大→ＮＴＴ西日本。2007〜09年インカレ団体優勝。2009、11、14年全日本シングルス選手権優勝。2014、23年全日本選手権優勝。世界選手権国別対抗では2011年銀メダル、15年金メダル、19年金メダルなど、日本代表としても国際舞台で活躍している。

本書の内容と使い方

本書では、ソフトテニスのパフォーマンス向上につながるコンディショニングの情報を、さまざまな角度からわかりやすく紹介、解説しています。どの章から読んでも理解が深まる構成になっていますので、ご自身が必要としている章から読み進めてください。

本文脇の memo

各章の本文脇に memo を記載しています。これは本文の内容を補足する追加の解説や、本文に入りきらなかったプチ情報です。併せてお読みください。

> **memo**
> コンディショニングは日常生活でもプラスに働く
>
> 　コンディショニングの効果は、スポーツの分野だけにとどまりません。日常生活でも良い体調を維持したり、疲労を溜めないようにしたりできると、学校の授業や私生活においても前向きな気持ちで健康的な生活を送れるようになります。

第2、第3、第4章の基本ページ

第2章はウォーミングアップ、第3章はクーリングダウン、第4章はストレッチや体操など、実際に体を動かすメニューを数多く紹介しています。正しい動きが身につくまでは、仲間同士で確認し合いながら行うとよいでしょう。

いくつかのメニューの総称と、その狙いやポイント、注意点などを解説。

メニュー名とそのやり方。わかりやすく端的に説明。

ここに効く！
このメニューが効く体の部位。P156、157の「筋肉図」で部位を確認し、そこを意識しながら行うとより効果的。

Point
このメニューを行うときに、ポイントになることや注意したいこと。

NG
メニューによっては、やってしまいがちな間違ったフォームややり方を紹介。

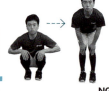

第1章

コンディショニング
とは

「今日はコンディションが良い」「あまり良くない」などと感じることがあるでしょう。「たまたま調子が良い」と自然に良くなるのを待つのではなく、コンディショニングによって、"意図的"に調子の良い状態をつくっていけるようにします。

最高のパフォーマンスを発揮するための準備

コンディショニングの構成

みなさんは「コンディショニング」という言葉をどのような場面で使っていますか？　たとえば、試合までの調整がうまくいかなかったときの試合後や、いつも通りの状態でプレーできなかった試合後に、「コンディショニング不足」という使い方をしていないでしょうか。普段、何気なく使っている言葉ですが、具体的な内容をあいまいに捉えている方が多いように思います。

コンディショニングとは、「自分自身のベストのパフォーマンス発揮に、必要なすべての要因をある目的に向かって望ましい状態に整えること」です。一般的には、精神面・肉体面・健康面などから状態を整えていきます。アスリートのコンディショニングで言えば、ある目的に対して最高の結果を得られるために行うすべての準備作業になります。したがって、練習やトレーニングだけでなく、日常生活においても自身に適した日々の過ごし方を計画することが重要です。

具体的なコンディショニングでは、運動能力や免疫力といった自身の体に関すること、今ある状況から生まれる心の状態や自身の考え方といったメンタル、休養や食事のような生活面などに分けられると考えられます。

---

memo

コンディショニングは日常生活でもプラスに働く

コンディショニングの効果は、スポーツの分野だけにとどまりません。日常生活でも良い体調を維持したり、疲労を溜めないようにしたりできると、学校の授業や私生活においても前向きな気持ちで健康的な生活を送れるようになります。

▶ コンディショニングの構成と具体例

❶**身体的な面**…筋力やスピード持久力、柔軟性、敏捷性、調整力など実際の練習やトレーニングに関わりのあるものです。具体例➡ウォーミングアップ、クーリングダウン、トレーニング

❷**防衛的な面**…体の抵抗力や免疫力などに関わりがあり、風邪を引きやすいとか、暑さや寒さに弱いなどが関係してきます。具体例➡トレーニング

❸**精神的な面**…緊張やプレッシャー、不安、自信、判断力、リラックスなどに関わりがあります。具体例➡ウォーミングアップ、クーリングダウン、トレーニング、ネガティブレスト（消極的休養）、準備（試合に向けての準備、計画や用具等の準備）

❹**栄養**…偏食や栄養のアンバランス、カロリー摂取などに関わりがあります。具体例➡食事

❺**休養**…練習やトレーニングの強度、休息時間のとり方や休日の過ごし方に関係してきます。具体例➡アクティブレスト（積極的休養）、ネガティブレスト（消極的休養）

　上記の①～⑤は、試合で100パーセントの力を発揮するためには、どれも欠くことのできないものです。たとえば、身体的な面ばかり取り組んでいても十分な休養がなければ、疲労が溜まり、体がだるく感じたりケガにつながったりします。意識して休息や休養をとっていたとしても、食事をおろそかにすると体に栄養がいき渡らず、体づくりに支障が出たり、練習や試合でエネルギー不足になったりしてしまいます。

　5つのポイントは偏りなく日常生活から意識して取り組んでいくことが重要です。今よりもさらにレベルアップするために、普段意識していなかった項目に意識して取り組んでください。

---

memo

アクティブレストとネガティブレスト

　アクティブレスト（積極的休養）とは、自身で積極的に疲労を軽減する方法で、ジョギング、ストレッチ、筋膜リリース、アイシング、温冷交代浴などがあります（第3章を参照）。ネガティブレスト（消極的休養）とは、物理的なものや他人に依存して疲労を軽減する方法で、睡眠や安静のほか、音楽鑑賞なども当てはまります。

最高のパフォーマンスを発揮するための準備

どのように目指す〝山頂〟に登るか

　みなさんは日々、何のために練習やトレーニングを行っていますか？　ソフトテニス愛好家の中には、健康やシェイプアップ、仲間とのコミュニケーションを目的に楽しんでいる方も多いです。ただ、中学生や高校生、大学生を中心とした多くの若いみなさんにとって、ソフトテニスは試合で勝つことが最大の目的になっていると思います。試合を山登りにたとえるなら、練習やトレーニングは頂上までの道のりになります。

　では、みなさんが行っているトレーニングは、きちんと頂上に向かって進められているでしょうか？　最短距離を通って、良いコンディションで山頂に到着するには地図が必要です。地図を見ながら、どの道を通るか、どこでご飯を食べるか、どこで休憩するかという計画を立てることが重要になるわけです。

　そもそもソフトテニスという競技は、年間を通して各地でたくさんの大会が行われます。高校生だけの大会であれば、春の全国選抜大会と夏のインターハイ（全国総体）を頂点に、秋の国民スポーツ大会（2023年までは国民体育大会＜国体＞）や各地方大会、全国大会や地方大会出場をかけた都道府県予選があります。しかもそれらには個人戦と団体戦があり、ほかにハイスクールジャパンカップやシングルスの大会、年齢制限のない都道府県選手権のような大会に出場する選手も少なくありません。勝ち上がれば勝ち上がるほど、レベルが上がれば上がるほど、こなさなければならない試合数は増えていきます。

常に絶好調とはならない

　選手であれば、誰もが「出場するからにはすべての試合に勝ちたい」と考え、そのために全力を尽くそうとします。ただ、人間には調子の良いときもあれば、悪いときもあります。それはバイオリズムと言われ、生物の周期的なリズムと定義されます。バイオリズムがある以上、すべての試合で常に最高のパフォーマンスを発揮するのは不可能と言っても言い過ぎではありません。

　たとえば、私がかつてトレーナーとして関わった陸上競技では、選手は自分が出場する予定の試合を重要度によって分けます。最も重要ないくつかの試合で最高のパフォーマンスを発揮するために、他の試合は最高の状態でなくても良しと判断します。試合を練習の過程の1つとして考えているわけです。調子のピークをその試合に合わせるという意味で、「ピーキング」という言葉を耳にしたことがある人も多いのではないでしょうか。

　一方、ソフトテニスの世界では、ほとんどの選手たちにそうした発想はありません。体やメンタルの調子に関係なく試合を迎え、朝の練習や試合前の乱打で、「今日は調子が良さそうだ」とか「あれ？　体が思うように動かないなぁ」と感じながら試合に入っていきます。そのようなやり方では、好不調はどうしても、運によって決まってしまいます。

　好調の波が自然にやって来るのを待つのではなく、意図的に合わせていく。その「ピリオダイゼーション（期分け）」という手法は、次のページから紹介します。

---

memo

**不調の原因は
スランプ？**

　調子が悪いとき、すぐに「スランプだ」と判断するのは、早計かもしれません。スランプとは心理的なもので、一般的には自分の思い込みから生まれることが多いからです。それまでのコンディショニングを見直すと、不調の原因が見えてくる場合があります。

第1章　コンディショニングとは

第2章

第3章

第4章

第5章

第6章

第7章

第8章

パフォーマンス発揮に必要なピリオダイゼーション

目標とする試合を決める

　試合当日に調子のピークを迎え、最大限のパフォーマンスを発揮するためには、それに向けた「計画性」が重要です。試合までの期間をいくつかに分け、各期に応じてトレーニング量や強度、種類を変化させることを「ピリオダイゼーション（期分け）」と言います。

　ピリオダイゼーションを実施することで、目標とする試合にピークの状態で臨めるだけでなく、毎日の練習で明確な目標や目的を持って取り組むことができたり、練習内容のマンネリ化を防いだりするメリットが期待できます。また、疲労回復に充てる時間を計画的に設けられるので、オーバートレーニングやオーバーユース症候群のリスクも軽減できます。

　ピリオダイゼーションを考える際、まずは目標とする試合を決めましょう。先述したように、試合や大会という〝山〟はたくさんあります。すべての山を制覇しようと頑張っても、準備ができず、やがて力尽きてしまいます。また、自分の現在の力量を考えずに無理な山に登ろうとしても、失敗するのは目に見えています。

　年間でたくさんの試合がある中で、どの試合に目標を置くか、大切な試合はどれかを決めること

memo

個人によって目標は異なる？

　目標とする試合を決めるのは大変です。団体戦と個人戦で異なることが多いですし、ペア間でもレベルが違えば、各個人がそれぞれで決めることが必要です。

が重要になります。

試合までを4つの周期に分ける

　目標とする試合を決めたら、次はそこに向けての計画を立てます。具体的には、①一般的トレーニングに取り組む「準備期（前半）」、②専門的トレーニングを実施する「準備期（後半）」、③専門的能力の完成を目指す「試合期」、④積極的な疲労回復を行う「移行期」という4つの周期に分けます。

▶ ❶準備期（前半）：2〜3ヶ月

　準備期（前半）は、基礎体力の向上を目指し、全身持久力（時間や距離を決めたランニングなど）や筋持久力（自体重や軽い負荷で回数の多い筋力トレーニングなど）のトレーニングを行います。準備期後半へと向かうにつれて、徐々に強度を上げていき、ランニングは距離、時間を短くしていきます。それとともに筋力トレーニング負荷を増やし、回数を減らすことで、筋肉を大きくするための筋肥大、筋力トレーニングへと変化させていきます。

▶ ❷準備期（後半）：2〜3ヶ月

　準備期（後半）は、よりソフトテニスに専門的な能力の向上を目指し、瞬発力やパワー（メディシンボールスローやプライオメトリックスなど）、敏捷性（ラダーやコーンでの切り返しを伴うステップトレーニングなど）、コーディネーション（リアクションダッシュやミラードリルなど）、スピード（20メートルダッシュなど）のトレーニングを行います。準備期は前半から後半に進むにつれて、低強度で高回数なものから高強度で低回数なものへ、さらに、基礎的なものから専門的なものへと変化させていきます。

---

memo

プライオメトリックスとは？

　縄跳びのようなジャンプトレーニングが代表的。少し高い台の上から着地時に負担が加わりながらも、瞬時に次の動作に移行できるような伸張反射（筋、腱が引き延ばされた状況から反射を促進し、大きな力が生まれ、ジャンプに切り返す）を利用したトレーニングです。

パフォーマンス発揮に必要なピリオダイゼーション

▶ ❸試合期：2〜3週間

試合期は、より高負荷で低回数のトレーニングを行うことで、養ってきた能力を低下させないように、高い状態を維持したまま試合に臨めるようにします。時間については、身体的な能力を向上させるようなトレーニングよりも、技術や戦術など試合に直結する練習に費やされる時間が増えるため、短い時間で集中して行えるようにします。

▶ ❹移行期：1〜2週間

移行期は、1つの大事な試合が終わり、次に目標とする試合へと進むためのつなぎの時期です。身体的、精神的な疲労をとり、ケガをしている人はこの時期にしっかりと治すようにします。基本的には休養をとることになりますが、完全に休んでしまうと、どんどんパフォーマンスが下がってしまいます。したがって、ソフトテニス以外のスポーツや、気分転換を図るための軽めのトレーニングといった積極的休養をとるようにします。

ピリオダイゼーションは、このように4つの周期を繰り返しながら、目標とする試合へと進めていきます。各周期の期間は試合まで半年間の目安ですが、これは試合までの期間やトレーニングの進行具合、想定した状態まで体力要素が向上しているかによって調整する必要があります。

もちろん、必ずしも計画通りに進むとは限りません。トレーニングを進めていく中で計画と照らし合わせ、変更を加えながら目標とする試合でピークパフォーマンスが発揮できるように体力要素を向上させていくようにしましょう。

---

memo

ピリオダイゼーションの変更は？

目標の試合が決まったら年間で期分け（ピリオダイゼーション）を行います。ただし、大会が進むにつれて選手個々の戦績が変化すれば、目標や期分けを変更していくことも必要です。

ピリオダイゼーションのサイクル

ピリオダイゼーションは、期間別に「マクロサイクル」「メゾサイクル」「ミクロサイクル」と、3つのサイクルに分割できます。最も長期的なプログラムであるマクロサイクルの中に、2つ以上の中期的なメゾサイクルがあり、それぞれのメゾサイクルは2つ以上の短期的なミクロサイクルに分けられる、というイメージです。

▶ マクロサイクル（長期的なプログラム）

半年から年単位でトレーニングプランを構成していくサイクルです。オリンピック選手などは4年間でマクロサイクルを組む場合もあります。期間は目的や試合などの目標地点によって変わりますが、たとえば7月に重要な試合がある場合、4月までは体を大きくするトレーニング、5月から6月は実戦に近いトレーニングなどを組んでいきます。

▶ メゾサイクル（中期的なプログラム）

マクロサイクルを数ヶ月から数週間に分割して構成するサイクルです。アスリート個人の目的によって作成され、試合数によってサイクルを設定します。たとえば1ヶ月間をどのような目的でトレーニングするのかを決め、メニューを組むことが多いです。今月は筋肉を大きくすることを目的としたトレーニングメニューを組む、来月は瞬発力を鍛えるためのトレーニングメニューを組むなど、大枠を決めていきます。

▶ ミクロサイクル（短期的なプログラム）

最小単位のサイクルで、メゾサイクルを1週間ごとに分割し、1日ごとのプログラムを作成します。たとえば月曜日、水曜日、金曜日は下半身のメニュー、火曜日と木曜日は上半身のメニューなど、より具体的な内容を考えていきます。

Column　コンディショニングの成功談と失敗談

　私はこれまで長く日本代表のトレーナーを務めてきました。その間、コンディショニングが非常にうまくいって、選手が好結果を残してくれた大会もあれば、逆にコンディショニングがうまくいかず、選手に悔しい思いをさせてしまった大会もあります。

　最高にうまくいった例は、2016年に千葉県で行われたアジア選手権です。当時、男子を担当していた私は、本番5日前、選手たちに陸上競技場でリレーをやらせました。全力で走らせましたから、みな、かなりの筋肉痛になり、中には「こんなときにこんな筋肉痛にさせられてまずい」と思った選手もいたでしょう。でも、そこで体には良い刺激が入り、本番が近づくにつれて調子が上がっていくことを私は確信していました。

　案の定、選手たちのピーキングがピタリと合い、日本チーム男子は、ミックスダブルスを含め、国別対抗、シングルス、ダブルスと、すべての部門で金メダルを獲得。ダブルスはベスト4を日本の4ペアが独占する快挙でした。

　完全に失敗したのは、2014年の韓国・仁川（インチョン）でのアジア競技大会です。現地に入ってからの練習で、私の中では「この日は追い込んだトレーニングをしたい」と考えていた日がありました。ところが、前夜に急に連絡が入り、それまで使っていたコートを使えなくなってしまったのです。いろいろ奔走しましたが状況は変わらず、選手村で選手を走らせる程度の調整しかできませんでした。

　計画が完全に狂ったことで、選手は体が軽くなり、予定よりも早くピークが訪れることになりました。シングルスに出場予定だった長江選手も、2日前の練習で「川上先生、すごく調子が良いです！」と言っていたほどです。でも、私はその時点で「まずいぞ」と感じ、実際、そこから選手たちの調子はどんどん落ちていき、思うような結果を残すことができませんでした。

　長江選手を始め、選手たちは「川上先生の責任ではない」と言ってくれていますが、それでも私にとっては苦い思い出です。国際大会ではそうした予期しないことが起きますし、その経験を経て、より慎重にコンディショニングを考えるようになりました。

第2章

試合のときの
ウォーミングアップ

多くのみなさんが、ウォーミングアップを行ってから試合に臨むと思います。ただ、そのほとんどが「試合前だけ」行っていないでしょうか？　本番で最高のパフォーマンスを発揮するには、朝起きてから行うアップが大切になってきます。

朝起きて「第1アップ」を、試合会場で「第2アップ」を行う

第1アップで体を起こす

試合日のコンディショニングは、朝起きてから行う「第1ウォーミングアップ」と、試合会場に到着してから行う「第2ウォーミングアップ」に分けて考えるのが理想です。

人間は就寝時、体に負担をかけずに、自分のエネルギーを最小限にして眠っています。体温は活動している時間よりも低下して、脳や筋肉の動きのレベルを低下させています。とくに寒い冬の時期は体が動かしにくくなっています。目が覚めたらそれを通常の状態に戻す必要があるわけです。そこで、眠っている体を起こすために、「第1ウォーミングアップ」から始めましょう。

▶ 第1アップの流れ

❶朝、目が覚めたら横になった姿勢のまま脈拍（心拍数）を測ります。

❷起きて散歩に行きます（約10分程度）。ジョギングなどは行いません。

❸ラジオ体操や全身のストレッチで軽く体を動かします。

❹歩いて家に戻ります。

まず脈拍を測ることで、平常時と比較ができます。とくに問題がなければ平常時とほぼ一定の数

---

memo

脈拍の測り方

手のひらを上に向け、手首の親指側に、もう一方の手の人さし指、中指、薬指の3本を当てて測定します。ドクンドクンと脈打つのがわかるはずです。時計の秒針を見ながら15秒間手首で脈を数え、それを4倍した数値になります。60から80で間隔が一定のリズムならば正常です。

今はスマートフォンの心拍数アプリやスマートウォッチなどで、簡単に脈拍を測れます。記録も手軽にできるので、利用してみるのもいいかもしれません。

値になりますが、緊張していたり、疲労が溜まっていたりすると、スムーズな血液循環が行われないことから、心拍が上がります。そういう意味では、脈拍はメンタルや体の疲労度を見るバロメーターになると言えます。

　私の場合、選手に試合の日だけでなく、合宿などでも脈拍を測らせています。ハードなトレーニングで追い込み、筋肉痛が起きているような状態の翌日は心拍数が上がっています。激しい練習をした翌日は心拍が上がるという尺度で見ていますから、上がっていれば普通と判断できます。

　また、女子選手は基礎体温を測らせる場合もあります。その変化によって月経が近いかどうかがわかります。重要な試合のとき、基礎体温を計測すると、コンディショニングをより調整しやすくなります。

散歩は自分のペースでゆっくりと

　起きたら着替えて、散歩に行きます。自宅なら1人で行くことになりますが、チームでホテルなどに宿泊しているなら、ロビーに集合して何人かのグループで行くのがいいでしょう。散歩は10分から15分程度で、それほど長くなくて構いません。

　よく、起きてすぐにジョギングをする人もいますが、それは筋肉や神経の動く態勢が整っていない状態で動かしていることになり、あまりお勧めできません。いきなり血液の循環を活性化させると、乳酸が極めて多く出ることは専門家の論文でも発表されています。

　最近の自動車は高性能につくられているのでまったく問題ありませんが、ひと昔前の車は、とく

---

memo

散歩の前に体重を測る

　私はチームでホテルに宿泊する際は、散歩のためにロビーに集合したタイミングで、選手に体重を測らせます。散歩から帰って、食事をした後、練習前にも測らせます。便がきちんと出ていれば、体重は変わりませんし、出ていなければ、食べた分だけ重くなっています。便秘気味とか緊張していて出ないといったことは、「いつもと違う状態だな」ということを判断する1つの材料になります。そうしたことから私は、遠征にも持ち運びに負担にならない体重計を準備していっています。

試合のときのウォーミングアップ

第1章　第2章　第3章　第4章　第5章　第6章　第7章　第8章

朝起きて「第1アップ」を、試合会場で「第2アップ」を行う

に寒い時期は乗る前にエンジンをかけておいて、車を温めてから動かしていました。私は人間の体も同じだと考えています。動物である私たちは、脳や体を動かすことにおいて、緩やかな動きや普段よく実施していることから体を起こしていくほうが有効なのです。自分の中でゆっくりとエンジンをかけて、時間の経過とともに、筋肉や神経の動き、血液の循環をスムーズにさせていく。それが朝起きて行う第1アップの目的です。

　体を起こすことが目的なので、散歩は速く歩く必要はありません。一緒に歩く人がいれば、楽しく会話をしながら、1人のときはポジティブなことをイメージしながら歩きましょう。交通ルールを守ることや近隣住民に迷惑をかけないことは大前提です。自然な歩き方で、そこまでフォームを気にしなくて構いません。ただ、猫背になったり、極端な内股や外股になったりしないように注意してください。

散歩

リラックスして自然に歩く。姿勢はまっすぐにし、猫背にならないように。つま先は進行方向に向け、極端な内股や外股にしない。腕と足を大きく対角線に動かすとより良い

体操、ストレッチ

　散歩の途中に公園や広いスペースがあれば、そこで体操を行います。適当な場所がなければ、自宅やホテルまで戻ってきて、自宅なら部屋の中で、ホテルなら駐車場などで行います。

　体操はラジオ体操でもいいですし、30ページから紹介しているストレッチでもオーケーです。ストレッチは、足首からひざ、股関節、腰、体幹、肩、首というように、私は体の下にある部位から順番に上に上げていくやり方を推奨しています。これは、脳より一番遠い足先から意識を傾け、徐々に脳に近づけて心身とも覚醒させていくという考えによります。

　それぞれの関節を伸ばしたり、腱を伸ばしたりして、それまで眠っていた筋肉を起こしてあげると同時に、伸ばされたという指令が届いた脳に「今からこの筋肉は働き出す」と察知させる狙いがあります。

　ストレッチの各メニューは、だいたい10秒以内で行いましょう。生理学的には伸ばす時間によって筋肉や神経に入る刺激が変わるとされており、ウォーミングアップのストレッチは短い時間で行うと、より効果が出ます。長い時間をかけるとリラックスしすぎてしまうため、20秒以上の長い時間をかけるストレッチは、クーリングダウンのときに行いましょう、というのが一般的な考え方です。

　散歩の途中に公園などで体操をやったのであれば、そこから自宅やホテルまで戻ります。散歩や体操など、ごく単純な内容ですが、ゆっくり体を起こすのは、1日のスタートには重要なことです。そのあと朝食をとります。

---

memo

第1アップのもう1つの意味

　第1アップは寝ていた体を徐々に起こすことが大きな目的ですが、精神的にリラックスさせる狙いもあります。朝のすがすがしい時間に外を散歩して気持ちをリフレッシュすることも、ウォーミングアップの大きな役割です。

第1アップに最適なメニュー

第1アップ 01 足首　ここに効く！ 前脛骨筋、腓骨筋

足首を外側に倒し、外くるぶしの周りを伸ばす。逆の足も同様に行う

片方の足を後ろに下げ、その足のつま先を立てて、足首の前側を伸ばす。逆の足も同様に

第1アップ 02 アキレス腱　ここに効く！ 腓腹筋

足を前後に大きく広げ、前脚を曲げて体重をかけて、後ろ脚のアキレス腱を伸ばす。逆の脚も同様に行う

第1アップ 03 ふくらはぎ　ここに効く！ ヒラメ筋

足を前後に広げ、お尻を落として体重をかけながら後ろ脚のひざを曲げていく。逆の脚も同様に

眠っている筋肉を起こすための簡単な体操です。
すべて行っても10分程度で完了します。

04 第1アップ ▶ 太ももの裏（ハムストリング）

ここに効く! 大腿二頭筋、半膜様筋、半腱様筋

NG 背中が丸まっている

伸ばしたい脚を1歩前に出し、後ろ脚は軽く曲げ、背すじを伸ばしたまま上体を前に傾ける。太もも裏の伸びを感じられる位置でキープする。逆の脚も同様に

つま先を上げると、太もも裏がより伸びる。できる人はつま先を持つようにしよう

05 第1アップ 伸脚→深伸脚

ここに効く! 内転筋

NG

1

2

曲げたひざが体の前にきている

両足を左右に大きく広げ、両手をひざにあてる。片脚を曲げて体重をのせ、もう一方の脚を伸ばし、股関節の可動域を広げる

伸脚よりもさらにひざを曲げ、伸ばした脚の太もも内側の筋肉をさらに伸ばす

Point
背すじを伸ばす。つま先を立てることで、同時にふくらはぎの筋肉も伸びる

06 第1アップ 股割り→肩入れ

ここに効く! 内転筋、股関節

1

両足を左右に大きく開き、背すじを伸ばしたまま腰を垂直に落とす

Point
股関節と太ももの内側が伸びていることを意識する

2

股割りの体勢から上半身をひねって肩を前に入れる。逆の肩も同様に行う

第1アップ 07 股関節の前　ここに効く! 腸腰筋、大腿直筋

片ひざを立て、もう一方の脚のひざを床につける。姿勢をまっすぐに起こし、足の位置は変えずに体を前に移動させる

NG 上体が前に倒れてしまう

第1アップ 08 太ももの前　ここに効く! 大腿四頭筋

前から

横から

NG 上体が前に倒れている

立ったまま片脚を折り曲げ、手で足の甲を持つ。かかとをお尻に近づけるようにして、太ももの前を伸ばす。逆の脚も同様に行う

Point
08と09は、片脚で立つとバランスが崩れてしまう場合は、写真のように壁やイスの背などの支えに手をついて行う

第1アップ 09 お尻　ここに効く! 大臀筋、中臀筋、小臀筋

前から

横から

片脚を曲げて、足首をもう一方の脚のひざの上にのせる。上体を前に倒しながらお尻を後ろに突き出す。逆側も同様に行う

第1アップ 10 体側　ここに効く！ 体側筋群

足を肩幅に開き、手の指を組んで手のひらを上に向ける。腕は耳よりも後ろの位置でまっすぐ伸ばし、上体を真横に倒す。逆側にも同様に

Point
脇の下、腰、骨盤の側面が伸びていることを感じる

第1アップ 11 上体を前に倒して左右に揺さぶる
ここに効く！ 肩甲骨周囲筋群、腹斜筋ほか

足を肩幅よりやや広く開き、背中側でつないだ両手を上に上げながら上体を前に倒す

上体を前に倒したまま腕を左右に揺さぶる

前から

第1アップ 12 回旋
ここに効く! 腰周り、体幹周りの筋肉

両足を左右に大きく開き、伸ばした両腕で円を描くように上体を大きく回す。逆回しも同様に行う

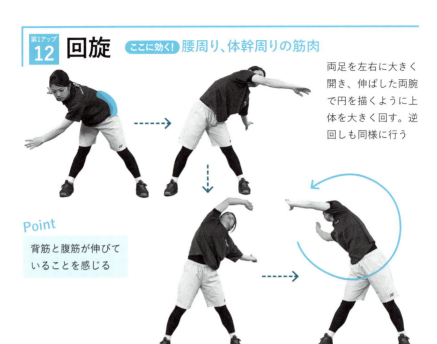

Point
背筋と腹筋が伸びていることを感じる

第1アップ 13 肩の後ろ
ここに効く! 三角筋後部、肩甲骨

体の前に伸ばした腕を、もう片方の腕を折り曲げて手前に引き寄せる

Point
押さえる位置はひじあたりになるように。伸ばした手のひらは向きを変えて行う

第1アップ 14 腕の裏
ここに効く! 上腕三頭筋

腕を頭の後ろに回し、逆側の手でひじを内側へ引っ張る

Point
背中が丸まらないように注意する

第1アップ 15 手首、前腕の内側 ここに効く！ 前腕屈筋群

手のひらを上に向けて腕を前に伸ばし、反対の手で手のひらを手前に押す。逆の手も同様に行う

前から

横から

Point
前腕の伸びを感じるところでキープする

第1アップ 16 手首、前腕の外側 ここに効く！ 前腕伸筋群

手のひらを下に向けて腕を前に伸ばし、反対の手で手の甲を手前に押す。逆の手も同様に

前から

横から

Point
腕の伸びを感じるところでキープする

胸の前で片方の腕の手首を曲げ、その指を反対の手で下から包み込み、手を回すようにして上の手首を伸ばす

Point
上側の前腕は水平にしたまま動かさない

リラックスしながら手首、足首をゆっくり回す

試合のときのウォーミングアップ

第1アップ 17 肩甲骨 ここに効く! 肩甲骨周囲の連動性向上

前から

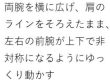

横から

両腕を横に広げ、肩のラインをそろえたまま、左右の前腕が上下で非対称になるようにゆっくり動かす

Point
胸を張り、背中が丸まらないようにする

肩甲骨を寄せるようにして、腕の動きを大きくしていく

だんだん腕を伸ばしていき、最後は腕が伸びた状態で左右の腕を大きく動かす

Point
両腕を入れ替えるときは腕を伸ばしたまま体の前で交差させる

第1アップ 18 肩回し　ここに効く！ 肩甲骨の連動性

両手を肩の上にのせ、両ひじで大きな円を描くようにひじを回す。前回し、後ろ回しの両方を行う

Point
ひじを後ろに引いたときは、左右の肩甲骨を寄せる

第1アップ 19 両腕を回す　ここに効く！ 肩甲骨の連動性

1

両腕を伸ばしたまま、大きく回す。前回し、後ろ回しの両方を行う

Point
ゆっくり回すのではなく、できるだけ速く勢いよく回す

2

左腕は前回し、右腕は後ろ回しになるように左右を逆方向に回す。左腕を後ろ回し、右腕を前回しでも行う

第1アップ 20 首

ここに効く! 頭板状筋、肩甲挙筋、胸鎖乳突筋など

1 前から / 横から

両手で後頭部を押さえ、首を前に傾ける

Point 力を入れて傾けるのではなく、頭の重さで傾ける

右手で頭を包むように左の側頭部を抱え、右手で引くようにして頭をゆっくり右に倒す。逆側にも同じように行う

2 前から / 横から

3 前から / 横から

右手で左の側頭部と後頭部の間を抱え、頭をゆっくり右斜め前に倒す。逆側も同じように行う

4

両手の親指であごを押し上げるようにして、首の前の筋肉を伸ばす

5

首を大きくゆっくり回す。右回し、左回しの両方を行う

Point 速く回そうとすると首を痛めてしまうので注意する

第1アップ 21 肩入れ　ここに効く！ 肩甲骨の可動域確保

2人組でお互いの肩を支え、上体を上下にバウンドさせる。写真のように手のひらを下に向けて行った後、お互いに手のひらを上に向けると、別の刺激が入る

第1アップ 22 体側と肩関節のひねり
ここに効く！ 体側や肩関節の柔軟性と連動性

2人で両足を大きく開いて横並びになり、両手をつないで引っ張り合う。体側の伸びを意識する。左右で入れ替えて逆側も同様に行う

Point
腕は耳の脇を通るように。骨盤の横もしっかり伸ばす

第1アップ 23 脇腹、腹筋　ここに効く！ 腹斜筋、腹直筋

2人で背中合わせに立ち、一方が相手の両手首をつかみ、低い姿勢をとる。ゆっくりと前に倒れていき、背中に相手をのせる

Point
上にのるほうは脱力して、相手の動きに合わせて体を預ける

第2アップを経て、試合で最大限の力を発揮する

緊張や不安を解消する

　試合会場に到着してからは、「第2ウォーミングアップ」を行います。起床後に第1アップは終えているはずですから、第2アップではウォーキングは必要ありません。徐々に筋肉を温め、血液循環を良くし、筋肉や関節がより活性化するようにしていきます。

　そうしたこととともに、試合でベストパフォーマンスを発揮するためには、緊張や不安、焦りといったメンタルのコントロールが大切です。とくにまず必要なのは、気持ちに余裕を持てるようにリラックスすること。リラックスするにはさまざまな方法がありますが、私は腹式呼吸と言われる呼吸法をお勧めします。これによって、後で行う体のウォーミングアップが脳（頭）と協調しやすくなります。

　リラックスできたら、緊張や不安、焦りを解消するために、次は自身で暗示をかけます。「絶対に勝てる。いや、絶対に勝つ」といったプラス思考を頭に染み込ませることが重要です。

　試合に入る前の気持ちの持ち方は、体の動きに大きく作用すると思います。そのように脳のコントロールをしっかり行ったうえで、反応に大きく関わってくる眼のウォーミングアップから体の調整に入っていきます。

---

memo

試合会場に何時に入るか

　試合開始が朝9時とすると、会場には遅くても7時50分には到着し、コートで練習ができる8時30分までには第2アップを完了しておきたいところです。それによって自ずと、起床や朝食の時間、自宅やホテルを出発する時間が決まってくるはずです。

　アップの時間は人によって違いますし、その日の天候や気温によっても変わります。それらを考慮して時間設定を行ってください。

▶ 第2アップの流れ

❶試合会場に到着したら、腹式呼吸で気持ちをリラックスさせます。

❷プラス思考を頭に染み込ませ、緊張や不安、焦りを解消します。

❸眼のウォーミングアップ、神経系の準備、体の準備を進めます。

神経系を活性化させる

　ウォーミングアップの基本的な目的は、血液の循環を良くしたり、筋肉の温度を上げたり、関節可動域を広げたりすることです。ただ、第1アップでも「今からこの筋肉を伸ばす」という指令を脳に与えたように、私は神経が筋肉を動かすと考えています。そこで、バランス感覚を刺激するようなメニューをいくつか行い、いろいろな神経がいろいろな状況下で活性化されるようにしてから、筋肉や関節のメニューに移っていくようにしています。

　さて、第2アップでは、まず呼吸法でメンタルのリラックスにアプローチしますが、実際にはまだ緊張しています。緊張すると上半身の関節は縮んだ状態になり、下半身の関節は伸びた状態になります。具体的には肩やひじが大きく伸ばしにくく、股関節やひざは曲がりにくく、ソフトテニスをプレーするには最悪の状態になります。そこで、しっかりと関節の運動をしなければいけません。

　屈伸や伸脚といった体操からランジといった股関節を大股で開く動作などで下半身を動きやすくし、2人1組で行うメニューなどで上半身を動きやすくするとともに、敏捷性を磨きます。試合前ですから第2アップ中のゲガには十分気をつけてください。広い場所がなくても試合直前にできることはたくさんあります。技術以外にもさまざまな工夫をし、ベストパフォーマンスが出せるように努力しましょう。

---

memo

どのメニューをチョイスするか

　42ページから紹介している第2アップは、すべて行うと15分ほどかかります。呼吸法やプラス思考を頭に染み込ませる暗示は、できるだけ毎回やってほしいと思います。眼のウォーミングアップ、神経系の準備、体の準備については、適宜、自分の判断で行うメニューを決めてください。たとえばリアクションキャッチやペッパーのように同じ敏捷性を磨くメニューは、どちらかだけ行うというのでも構いません。重要なのは、あくまでも試合でベストなパフォーマンスを発揮することにあります。

試合のときのウォーミングアップ

第1章 — 第2章 — 第3章 — 第4章 — 第5章 — 第6章 — 第7章 — 第8章

第2アップに最適なメニュー

第2アップ 01 脳の準備　呼吸法

　脳を体に協調させるには、呼吸法が大切になります。ここで行う腹式呼吸は、息を鼻から吸い、口から吐きます。第2アップではロングバージョンを、試合のときはショートバージョンを活用しましょう。呼吸法は、普段の練習から行うことで、より効果を発揮します。

仰向けになってひざを立て、お腹を膨らませたり、へこませたりする。キープすることでお腹のインナーマッスルに刺激を与える

Point
ロングバージョンの最中は、「こういうモチベーションで試合をしよう」などのイメージトレーニングもできる

呼吸法は立位でもイスに座った体勢でもできる。腹部に手をあてて行うと、お腹の動きの変化を把握しやすい。精神が落ち着き、より集中できる

ロングバージョン…1分×4回＝4分間

① 息を吐く（20秒）→お腹をへこませキープ（20秒）→楽な姿勢（自然呼吸20秒）
② 息を吸う（20秒）→お腹を膨らませキープ（20秒）→楽な姿勢（自然呼吸20秒）
③ 息を吐く（20秒）→お腹を膨らませキープ（20秒）→楽な姿勢（自然呼吸20秒）
④ 息を吸う（20秒）→お腹をへこませキープ（20秒）→楽な姿勢（自然呼吸20秒）

ショートバージョン

息を吸う（4秒）→お腹を膨らませる→息を止める（1秒）→息を吐き続ける（7秒）

脳や神経系の準備をしてから体の準備に入ります。
神経系や体のメニューは、費やせる時間を考えて選択してください。

02 眼のウォーミングアップ
第2アップ

ソフトテニスでは、動いている物を見る動体視力と、相手とボールといった2つの物を同時に見る力が欠かせません。さまざまな眼の動きを取り入れておくと、眼が速い動きに慣れ、反応速度が速くなります。

左右
両腕を肩幅くらいに広げて人さし指を立てる。目だけを動かして、左右の指を交互に見る。両手の幅を大きく広げて、同じように行う

上下
片手を顔の前に、もう一方の手を胸の前に置く。目だけを動かして、上下の指を交互に見る。両手の幅を広げて、同じように行う

斜め
両腕を斜めに広げ、目だけを動かして、立てた指先を交互に見る。反対方向も同様に

遠近
両手の人さし指を立て、片腕をまっすぐ前に伸ばし、もう片方の手を目の近くに置く。両方の指先を交互に見て、すぐにピントが合うようにする

前から　横から

03 神経系の準備　ボールバランス

　体を本格的に動かす前に、脳から体に指令を出す伝達組織を活性化させます。足の下に硬式テニスボールを置き、不安定な状況をつくって体幹でバランスをとります。神経系の機能を高めれば、体をより速く、思ったとおりに動かすことができます。

片足バランス

硬式テニスボール2つの上に片足でのり、ボールにのった側の腕を真上に伸ばす

Point
ひざの関節や股関節ではなく、体軸で左右にバランスをとる

ボールがつま先とかかとの下にくるようにのる

ボールにのせていないほうの脚を上げ下げする

両足バランス

1

肩幅より少し広めに開いた両足の土踏まずでボールにのり、上体が前のめりになったり、反ったりしないように前後のバランスをとる

Point
ひざや股関節を多少曲げてオーケー

横から

2

ラケットを持ち、ひざや股関節が曲がった前傾姿勢(パワーポジション)をとりながら上体を左右にひねる

第2アップ 04 T字バランス

横から見たときに全身がT字になるT字バランスは、股関節の柔らかさと体重を支える脚の筋力、上半身と下半身のバランスをとるための体幹の強さが求められます。ソフトテニスでは片足になる場面が多いため、このトレーニングで片足でも安定した体勢がとれることを目指します。

片足で立ち、浮かせた脚のひざを90度に曲げる

上体を前に水平に倒しながら、浮かせた足を後ろに伸ばす。同じ側の手は前に伸ばし、横から見たときに全身がT字になるようにする

Point
つま先は前方に向ける

Point
ひざと腕をピンと伸ばし、体幹をまっすぐに安定させる

NG

前から

上体を倒したとき、左右の骨盤が傾かないようにする

安定した体勢がとれていない

腕や脚が十分に伸びていない。指先からかかとまでまっすぐ一直線に

05 ジャグリング
第2アップ

　ボールを使ったジャグリングで、主に腕と手の協調性を出していきます。神経系のトレーニングなので、ボールを落としても問題ありません。一度できると、脳細胞がつながってスムーズにできるようになります。

片手で2個

片手でボールを2つ持ち、1つを投げ上げてキャッチするまでに、もう1つを投げ上げる動きを繰り返す。逆の手でもできるようにする

Point
ボール1つは常に空中に浮いている状態になる

両手で3個

片手でボールを2つ持ち、逆の手で1つ持つ。2つ持っているうちの1つを投げ上げ、すぐに逆の手の1つも投げ上げる。左右交互に、投げる→キャッチ→投げる…という動きを繰り返す

ボールつき・片手で2個

片手でボールを2つ持ち、1つを下に落として弾ませる。それをキャッチするまでに、もう1つのボールを下に落とす動きを繰り返す。逆の手でもできるようにする

ボールつき・両手で3個

片手でボールを2つ持ち、逆の手で1つ持つ。2つ持っているうちの1つを下に落とし、すぐに逆の手の1つも下に落とす。左右交互に、落とす→キャッチ→落とす…という動きを繰り返す

06 三半規管
第2アップ

ソフトテニスのプレー中は、さまざまな方向に顔を向けたり、自分自身が向きを変えたりする場面が多くあります。そんなときに自分の位置を正確に捉えるには、平衡感覚を司る三半規管が重要なカギを握っています。

倒立（逆立ち）

ペアで行う。補助者の正面に立ち、手を床について足を振り上げ、倒立の姿勢をつくる。1人で倒立をできる人は1人で行う

Point
ひざと足先をぴったりつける。腰を反らないように意識する

側転

足を広げて両腕を上に伸ばした姿勢から、片方ずつ手をついて足を振り上げ、転回していく。ひざはできるだけまっすぐ振り上げる

Point
左右どちらの回り方もできるのが望ましい。慣れないうちは、利き手が最初に床につく向きで行う

うまくできない人は…

足を真上まで上げずに横移動する。徐々に足を高く上げ、最終的に側転の動きに近づけていく

07 体の準備 ウォーキングとジョギング
第2アップ

ここに効く！ 全身

　神経の準備が終わったら、体の準備に移ります。筋温を上げることで、血液の流れが速くなり、体全体に酸素をたくさん運べます。これは試合中のパフォーマンス向上につながります。ただし、急激に筋温を上げると、心肺機能への負荷が大きくなるため、ウォーキングやジョギングで少しずつ体を動かしていきます。朝に第1アップを済ませていれば、ウォーキングは省いて、ゆっくり走るジョギングから始めて構いません。

ウォーキング

インナーマッスルをほぐすため、腕と足を大きく対角線に動かし、リラックスして自然に数分間歩く。猫背にならないように姿勢はまっすぐに

Point

つま先は進行方向に向け、極端な内股や外股にならないようにする

ジョギング

背すじを伸ばし、リラックスして数分間ゆっくり走る。曲げたひじは体の前では小さく、体の後ろでは大きく動かす

Point

急にダッシュをしたり、普段やっていないような動きを入れたりすると、乳酸や水素イオンが発生し、筋疲労が早くなるので注意する

08 下半身のストレッチ
第2アップ

ウォーキングやジョギングで体が温まったら、反動や弾みを使って行う動的ストレッチで、試合のときに下半身、とくに股関節の働きを100パーセント発揮できる状態をつくっていきます。プレー中は基本的に、じっとしている状態から筋肉が伸びるという場面はないため、ここでは静的ストレッチは行いません。

▶屈伸　ここに効く！ 大腿四頭筋、ハムストリング、下腿三頭筋

つま先を前に向け、両手を両ひざにのせたまま、両ひざの曲げ伸ばしを繰り返す

Point
かかとが浮いたり、ひざが開いたり、背中が丸まったりしないように注意する

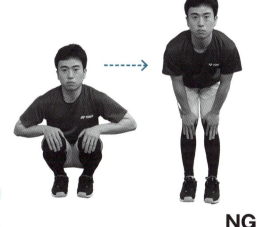

かかとを地面につけることで、体の後ろ側を伸ばす

横から

NG
かかとが浮いて、ひざが開いている。上体が前傾しすぎるのも NG

▶伸脚　ここに効く！ 内転筋

前から

両足を大きく広げ、両手をひざにあて、片ひざを曲げて体重を傾ける。伸ばしたほうの脚をよく伸ばし、股関節の可動域を広げる

横から

背すじを伸ばしてお尻を後ろに突き出すようにすることで、股関節についている内転筋群が引き伸ばされる

背すじが丸まり、お尻が後ろに突き出されていない

NG

▶深い伸脚　ここに効く！ 内転筋

Point
曲げたひざは体の外に出す。伸ばした脚はかかとを床につけ、つま先は上に向ける

伸脚より深くひざを曲げ、伸ばした脚の太ももの内側の筋肉をさらに伸ばし、股関節の可動域を広げる

NG

曲げたひざが体の前にきている

▶開脚

骨盤の寛骨（かんこつ）と大腿骨が接続している部分を指す股関節は、さまざまな方向へ動く関節となっています。股関節の柔軟性を高めることで、咄嗟に脚を開いたときにケガをしにくくなることに加え、力強いボールが打てるようになるなど、パフォーマンスアップにつながります。

前後　ここに効く！ 股関節の前後の動き

Point　前かがみになってしまう人は、太ももの前側の筋肉が硬くなっている可能性がある

NG

両足を前後に大きく広げ、両手を地面について支えながら腰を落とす。前脚のひざをできるだけ伸ばすことで、股関節全体が引き伸ばされる

前かがみになり、前のひざが曲がりすぎている

左右　ここに効く！ 股関節の前後の動き

Point　両ひざをできるだけ伸ばす

Point　手を前に移動させたとき、骨盤を地面に近づけるようにする。上体はできるだけ起こす

両足を左右に大きく広げ、両手を地面について支えながら腰を落とす

両手を少しずつ前に移動させて、両ひざを地面につける（写真）。両手を少しずつ後ろに移動させて、左の写真の体勢に戻る

しこ踏み　ここに効く！ 股関節、内転筋

両足を大きく左右に開き、できるだけ背すじを伸ばしたままで腰を垂直に落とす

Point　股関節をクッションのように柔らかく使う

両手で両足首を持ち、左右の重心移動を繰り返す

第2アップ 09 上半身のストレッチ

　良いボールを打つためには、上半身の動きを高めておくことも欠かせません。ここからは2人1組で行う肩甲骨、大胸筋、上腕中心の動的ストレッチを紹介します。ペアになるのが難しい場合は、壁などに手をあてて、支えにして行っていただいても構いません。

▶肩入れ・上下　ここに効く！ 股関節の前後の動き、肩甲骨

2人組でお互いの肩を支え、最初は手のひらを下に向けて、上体を上下にバウンドさせる

10回前後のバウンドが終わったら、手のひらを上に向けて同様に行う

▶肩入れ・左右　ここに効く！ 体側周辺（脇腹あたり）

肩を組んだまま、左右にひねる動きを繰り返す

タイミングがずれやすいため、「1、2、1、2…」と声を出して行おう

▶体側と肩関節

ここに効く! 体側と肩関節のひねりと連動性

Point 上側の腕は耳の脇を通るようにし、骨盤の横もしっかり伸ばす

2人で両足を大きく開いて横並びになり、両手をつないで引っ張り合う

手をつないだまま半回転し、反対側の体の側面も伸ばす。体幹のひねりが入り、肩関節の応用性や連動性が出てくる

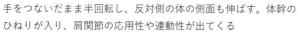

Point 上体を前傾させたり、腕が下がったりしないように注意する

▶肩甲骨の内転・肩関節の内・外旋

ここに効く! 肩甲骨、肩関節

　私たちの背中の上部にある出っ張った羽根のような肩甲骨は、ソフトテニスで強いボールを打つときに欠かせません。肩甲骨の可動域が広いと、腕が効率よくしなり、サービスやストロークのスイングスピードが速くなるからです。肩甲骨周りの筋肉は、普段あまり意識していないと固まりやすくなるため、日頃からストレッチで柔らかくしておきましょう。

2人で背中合わせに手をつなぎ、両足を前後に開いて、前方にゆっくりと重心をかける

Point
引っ張って腕が上がったときに、広い肩甲骨の可動域が得られる

NG

手のつなぎ方は外側からと内側からで肩甲骨の動きが変わってくるので両方行う

前かがみになりすぎ、重心を前方にかけられていない

▶肩から胸部の抵抗動作　ここに効く！ 肩、胸

2人で同じ側の前腕を重ね、肩の位置よりもひじが後ろになるようにしながら、お互いに重心を前にかけ合う

Point 胸の筋肉が収縮されていることを意識する

腕を下げて手首をクロスさせて、重心を前にかけ合う。胸の筋肉を伸ばすという反動動作になる

▶徒手抵抗　ここに効く！ 肩の後面

片腕を引き寄せ、もう片方の腕でロックする。伸ばしたほうの腕を前方に押し出す。逆の腕も同じように行う

Point 横に伸ばした手のひらを、上や下に向けると、肩の後ろ側がよく伸びる

第2アップ 10 ランジ

　ランジ動作はソフトテニスとの関係性が高く、ウォーミングアップとしてよく使われます。足を大きく前に踏み出す動きにより、股関節の機能を高め、体幹の安定性や上半身の動きとの連動性が向上します。試合中、ボールへの距離を短縮できたり、手打ちでしか返せなかったボールをしっかり踏み込んで打てるようになったり、球際に強くなる効果が期待できます。

▶ストレートランジ　ここに効く！ 大臀筋、股関節

Point
踏み出したひざは90度以上曲げる。つま先は常に進行方向に向ける

両手を組んで後頭部にあてて胸を張って立ち、片足を高く上げてから前に1歩大きく踏み出し、腰を落とす。後ろの足を前の足に寄せ、最初の姿勢に戻ったら、逆の足で同じように踏み出して前進する

NG

上体が前かがみになっている

▶サイド開脚ランジ

ここに効く! 股関節、体幹の安定性

Point
腰を落としたタイミングで、しこ踏みの動きを加えるとより効果的

両手を組んで後頭部にあてて胸を張って立ち、片脚を体の前に高く振り上げ、逆脚を軸にして半回転する。両脚が逆八の字になるように着地し、腰を低く落とす。ゆっくり立ち上がって逆脚でも同じように行い、横方向に進む。反対回りでも同じように行う

▶片腕伸ばしのストレートランジ

ここに効く! 大臀筋、股関節、体幹の安定性

Point
足と対角の腕を真上に上げることで、前後の開脚に対する体幹の安定を求めていく。腕と体軸が一直線になるように

NG

下半身の動きはストレートランジと同じ。右足を踏み出すときは踏み出すタイミングで左手を、左足を踏み出すときは右手をまっすぐ上に振り上げる

上体が前かがみになり、腕も伸びていない

▶ランジツイスト

ここに効く! 股関節、上半身と下半身の連動性

前から

下半身の動きはストレートランジと同じ。足を1歩踏み出したら上体を左右にひねる。次に逆の足を踏み出し、同じように上体を左右にひねる

横から

Point
上半身は体幹ではなく、肩甲骨だけを動かす。上体をひねることで、意識的にブレやすい状況をつくっている。前のめりにならないように気をつけよう

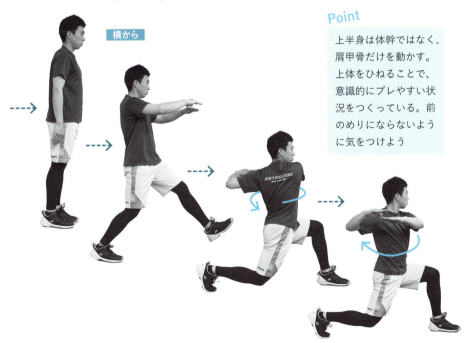

第2アップ 11 アキレス腱

ここに効く！ アキレス腱

下腿三頭筋とつながってかかとについているアキレス腱は、足関節の底屈（足首を下に伸ばす動き）と、着地したときにかかとにかかる衝撃を調整する作用があります。引き伸ばされると、筋肉を急激に縮ませようとするアキレス腱の「伸張反射」により、地面を離れる瞬間に、より大きなパワーを生み出すことができます。

アキレス腱伸ばし

お尻を浮かせて四つんばいになり、片方の足首の上に逆の足をのせ、下にある足のかかとを上げ下げする。逆の足も同様に

片足交互ストレッチ

かかとで地面を踏むように、アキレス腱を緩めて伸ばす、という動きを片足ずつ交互に繰り返す

両足ストレッチ

ひざを伸ばしたまま両足で押す。地面を踏みつけた反動でアキレス腱が収縮し、かかとが上に押し上げられるように行う

アキレス腱ジャンプ

足の位置を手に近いところへ引き寄せ、ひざ伸展（伸ばす）を意識して連続ジャンプ

Point

足関節、股関節を伸ばして跳び、地面との接地時間を短くする

Point

ひざが伸びたまま地面をしっかりと踏みつけられると、お尻の位置がぐっと上に押し上げられるようになる

▶ジャンピングタッチ(ストレート)

ここに効く！ アキレス腱、股関節

　アキレス腱と股関節を多用し、ダイナミックに動きながらアキレス腱を伸ばしていきます。より実戦に近いトレーニングで、60ページ「アキレス腱」の各メニューの後に行うと、ケガのリスクを減らすことができます。

脚を交互に振り上げながらリズミカルに前へ進む。右足を振り上げたら左手でつま先にタッチ、左足を振り上げたら右手でつま先にタッチする

Point
背すじを伸ばしたままで、振り上げたひざもできるだけ曲げない。振り上げた足が体の外に流れないように

▶ジャンピングタッチ（サイド）
ここに効く! アキレス腱、股関節

　このメニューでまっすぐに進めない人は、体軸がブレている可能性が高いです。リズミカルに動く中で体軸をまっすぐ保つのは難しいですが、下ろしたつま先は進行方向へ向け、足を替えるたびに軸足に素早く体重をのせるようにします。

脚を交互に横へ振り上げながらリズミカルに前へ進む。右足を振り上げたら右手でつま先に、左足を振り上げたら左手でつま先にタッチする

Point
地面についている足のつま先は常に進行方向へ向ける

▶ジャンピングタッチ&ランジ
ここに効く! アキレス腱、股関節

　ジャンピングタッチからランジ動作の連動で、股関節や体幹の強化にもなります。自分の体を持ち上げてから落とすことになるため、非常にハードな動作ですが、試合前に自分の瞬発力やパワーを確認できます。

右足を振り上げて左手でつま先にタッチする

右足を地面につけずに体の後ろに持っていく

そのまま右足を大きく前に踏み出してランジ姿勢になる

第2アップ 12 競技の準備

　それぞれの動作をつなぐ応用です。これまで紹介してきた上半身の体操、下半身のランジ、上半身の安定などを、チューブ（ベルト）やボールといった道具を使って全体につないでいきます。筋肉に抵抗をかけて動かすことで筋肉量が増え、楽に動かせるようになることを目的にしています。

▶肩関節の動きと筋肉への抵抗動作

ここに効く！ 肩関節、大胸筋

1

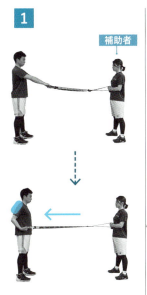

Point

背すじを伸ばして行う

2人組で行う。補助者が固定させたチューブ（ベルト）を両手で持ち、前向きで後ろに引っ張って戻す、という動きを繰り返す

2

補助者が固定させたチューブを両手で持ち、後ろ向きで前に引っ張って戻す、という動きを繰り返す

3

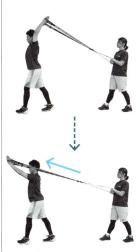

Point

両足を前後に開くことで安定する。背中が丸まらないように注意する

補助者が固定させたチューブを両腕を上に伸ばして持ち、頭上を通して前に引っ張って戻す、という動きを繰り返す

補助者が固定させたチューブを両手で持ち、前向きで両腕を左右に広げるように引っ張る。そこから上体を前に倒し、左手を右足に近づける。次に右手を左足に近づける、という動きを繰り返す

Point

自分自身で肩、体幹、腰、ひねりなどの複合動作をまんべんなくチェックしながら動かす

補助者が固定させたチューブを両手で持ち、後ろ向きで肩越しに前に引っ張る。そこから上体を前に倒し、右手を左足に近づける。次に左手を右足に近づける、という動きを繰り返す

▶キャッチボール

ここに効く！ 肩甲骨、股関節

２人で行うキャッチボール。肩甲骨と股関節をよく動かしてボールを遠くに飛ばす。構えて投げるまでの流れに連動性を持たせると、自然とボールに勢いが出てくる。ひじから先だけで投げないようにする。

64

▶リアクションキャッチ

ここに効く! 下半身の敏捷性、柔軟性、対応力

　投げられたボールを対角側の手でキャッチするトレーニングで、眼から入った情報を脳がキャッチし、筋肉に伝えて全身運動として反応させます。リズム感や反応力、体の連結能力を高めるだけでなく、動いているものと自分の位置を把握する定位能力も高めます。

2人組になり、1.5〜2メートルくらい距離をとって向かい合う。練習者は重心をやや低くした「パワーポジション」の体勢からスタートする

1人ボール1個

練習者は自分の右側に投げられたボールを左手でキャッチし、そのまま投げ返す。左側に投げられたボールを右手でキャッチし、そのまま投げ返す、という動きを繰り返す

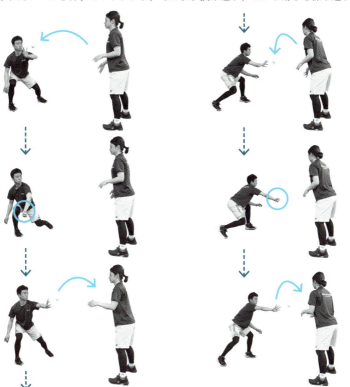

1人ボール2個

練習者が投げ返すタイミングで、補助者はもう1つのボールを練習者の逆側に投げる、という動きを繰り返す

Point
1個で行うときよりも早い対応が必要になる

2人ボール2個

2人がともに練習者になる。①同時に相手の右手側にボールを投げ、それぞれ左手でキャッチする。②次に同時に相手の左手側に投げ、それぞれ右手でキャッチする、という①②の動きをリズミカルに繰り返す

▶ペッパー

左右や前後、あるいはランダムに投げ出されたボールを素早くキャッチしにいきます。瞬時に対応する速さを磨くと同時に、体の重心を崩さないようにする体幹のトレーニングになります。

左右

左、あるいは右斜め前に投げられたボールに素早く反応してキャッチし、投げ返すとともに元の位置に戻る、という動きを繰り返す

Point
ボール2個で早いタイミングで行うと、より素早い対応が必要になる

前後

①前に投げられたボールをキャッチし、投げ返して元の位置に戻る。②頭越しに投げ上げられたボールを腕を伸ばしたままキャッチして返す、という①②の動きを繰り返す

Point
相手のロビングをスマッシュで追いかける動きにつながる

ランダム

突起物が数ヶ所出ているトレーニング用のリアクションボールを投げてもらい、ワンバウンドさせてキャッチする。不規則にバウンドするため、動体視力や反射神経、集中力が鍛えられる

Column 試合の合間の過ごし方

　ソフトテニスの大会では、各コートの第1試合こそ開始時間が決まっていますが、第2試合目以降は開始時間が読めません。大会によっては勝ち上がっていくと1日3〜5試合程度をこなさなければいけないこともあり、試合と試合の合間の過ごし方がコンディショニングの面で非常に重要になります。

　中高生の場合、試合終了後に監督にアドバイスをもらっている光景をよく目にしますが、筋肉を活発に動かした直後に直立姿勢でいるのはあまりお勧めできません。できれば試合直後はすぐにジョギングなどのクーリングダウンをするとともに、長いパンツを履き、筋肉を冷やさないような配慮をしてからアドバイスを受けます。先にアドバイスを受けることになった場合は、アドバイスが終わってすぐに長いパンツを履き、ジョギングを約5分程度行いましょう。水分補給を心がけておくことも重要です。

　チームの待機場所やテントなどに帰ってきたら、3分程度、足を台の上にのせて寝転び、血液を心臓に戻りやすくするようにします。その後、ストレッチ（75〜84ページ）で筋肉の疲労を除去できるようにケアします。リラックスと集中を行い、メンタル的に次の試合へのモチベーションを高めておくのも効果的です。試合が長引き、強い筋肉疲労やけいれんなどの兆候が見られる場合は、寝転んでの足上げの前に5分程度、バケツなどの容器に水（氷を少し入れるとより良い）にふくらはぎがつかるようにアイシングを行います。

　次の試合まで1時間程度あるときは、ストレッチやメンタル調整を長くして構いませんが、これらのことばかりをしていると、今度は筋肉の状態が緩みすぎて緊張度がなくなってしまいます。ゆっくりのジョギングやチューブを使った関節の運動を行うと、筋肉や関節を冷やさずに動きのテンションをキープしたまま休憩させることができます。

　具体例としては、次の試合時間が近づいてきたら、ジョギングやチューブを使った関節トレーニング（63〜64ページ）などで筋肉や関節を活性化させていきます。とくに股関節や肩関節を使った体操（51〜52、56〜59、61〜62ページ）や、敏捷性やリアクションのトレーニング（65〜67ページ）などを疲れない程度で行いましょう。

第3章

休息のとり方

試合や練習で激しい動きが求められるアスリートにとって、疲労を
できるだけ残さないことが、次の試合や練習でのパフォーマンス発
揮につながります。疲労のメカニズムや、どのようにすれば効率良
く疲労から回復できるかを紹介します。

筋肉が疲労したら
アクティブレストで回復させる

筋疲労のメカニズム

　私たちの体は、筋肉によって骨が動かされ、骨と骨のつなぎ目である関節が動くことで動作を行っています。筋肉が動くためには、酸素や栄養素が必要となります。それを届ける役割は、全身を循環している血液が担っています。

　血液は心臓が拍動することによって全身に送り出され、体の各組織に運ばれます。各組織に栄養素が届けられると同時に、いらなくなった老廃物を回収し、排出するために心臓に戻されます。このようなサイクルが血液循環であり、心臓の拍動によって常に繰り返されています。

　筋肉は使い続けると疲労し、次第に硬くなっていきます（拘縮する）。硬くなると、血流が阻害されてしまい、筋肉の中に疲労物質が残ります（図1）。それが疲労の原因です。心臓から送り出される血液を動脈、心臓に戻る血液を静脈と言い、血管自体の力が強い動脈は、自身の力で筋肉まで血液を届けることができますが、血管自体の力が弱い静脈は、筋肉と共同して血液を送り出す必要があります。これを筋ポンプ作用（図2）と言います。

　とくに下半身は心臓から遠く、重力に逆らって血液を心臓に戻す必要があるため、より強い力が

---

memo

筋肉が動くことで
骨が動く

　私たちの体は、約200個の骨で形づくられており、筋肉は体内に約600個あると言われています。動作を行う際は、骨が自ら動いているわけではなく、複数の筋肉が関わり、バランスをとりながら活動しています。

図1　凝りや痛みの発生要因

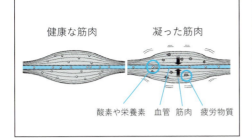

図2　筋ポンプ作用

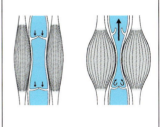

必要です。下半身に疲労を感じることが多かったり、むくんだりするのは、血液が溜まりやすく、よって疲労物質が溜まりやすいからです。

筋疲労はクーリングダウンで対応

　疲労状態が続くと、それまでできていた動きに偏りが生まれ、動作がうまくいかなくなります。バランスをとっていた他の筋肉にも負担がかかり、悪化していきます。それらが積み重なり、痛みとなって表れることが多くあります。痛みの原因が筋肉にあることが多いのはこのためです。

　ソフトテニスをプレー中は、筋肉が活動しているので、静脈と一緒に筋ポンプ作用が働くことで血液循環が促されます。ところが、テニスが終わって急に筋肉を動かさなくなると、筋肉の活動とともに筋ポンプ作用もなくなり、血液が心臓に戻らなくなります。このことが疲労物質を溜めてしまう原因となります。

　そうした事態を避けるために、筋疲労になりやすい試合後はクーリングダウンを実施して対処します。クーリングダウンとは、ソフトテニスに必要だった身体レベルを、軽いジョギングやストレッチなどで日常生活の体に戻すことです。

> **memo**
>
> 練習後は意識的に体を動かす
>
> 　試合のときだけでなく、練習後もクーリングダウンは重要です。しかし、部活動では下校時間の関係からクーリングダウンの時間をとれないこともあると思います。それでもコート整備や帰宅する際の徒歩などの時間に、意識的に体を動かす心がけを持つと、より良い状態で明日を迎えることができます。小さなことをコツコツと積み重ねて、体を整えていきましょう。

筋肉が疲労したらアクティブレストで回復させる

アクティブレストで疲労回復

　激しく体を動かすと、筋肉が硬く凝り固まり、筋肉の間を通る血管の幅が狭くなり、疲労物質が蓄積するというのは、すでに述べた通りです。これは体が酸化した（錆びた）状態とも言えます。そうならないためには、体をできるだけ新鮮な状態にしておくことが重要となります。

　とくに何日間か続く大会で、今日すでに何試合かを消化し、明日もまた試合があるという場合は、その日のうちに疲労を回復させる必要があります。試合が続く日だけでなく、ハードな練習が続く時期も、コンディショニングをしっかり行うことでパフォーマンスアップにつなげられます。

　疲労回復の方法としては、軽く体を動かすことで体内の疲労物質の排出を促す「アクティブレスト」（積極的休養）と、体を安静な状態にして疲労を回復させる「ネガティブレスト」（消極的休養）に分けられます。肉体的に疲れているときは何もせず、横になって過ごすなどのネガティブレストのほうが効果的と思われるかもしれませんが、それは違います。回復が早いのはアクティブレストというのが、今やスポーツ界では一般的な考え方です。

　アクティブレストにはさまざまなやり方があり、本章ではジョギング、ストレッチ、筋膜リリース、アイシング、温冷交代浴を紹介します。試合を終えてから、できれば会場やその周辺で行っていただきたいのがジョギングとストレッチです。時間がないときは、ストレッチは自宅やホテルに帰ってからで構いません。

---

memo

ストレッチはジョギング直後に

　スタティック・ストレッチは試合後のジョギング直後に行うのが望ましいです。その時間がないときは、家やホテルに帰ってお風呂に入った後や就寝前に行うといいでしょう。75ページから紹介しているストレッチすべてを行うのが難しければ、疲労しやすい下半身や、張りを感じる部位を重点的に行いましょう。

ストレッチは反動をつけない

　ストレッチには、スタティック・ストレッチ（静的ストレッチ）、徒手抵抗ストレッチ（アイソトニック法、アイソメトリック法）、ダイナミック・ストレッチ（動的ストレッチ）といった種類があり、筋肉の緊張緩和や関節可動域（動きの幅）の増大、循環の促進による疲労物質の除去などの効果が期待できます。場面や目的によって使い分けることが重要です。

　疲労回復を目的とするなら、スタティック・ストレッチを行います。スタティック・ストレッチは反動や弾みをつけず、筋肉をゆっくり伸ばしていき、伸ばした状態を維持するという手法のストレッチです。ゆっくり伸ばすことで、伸張反射と言われる、筋肉が過度に伸ばされたときに筋肉がそれ以上伸ばされて傷つかないように、伸ばされた筋肉を反射的に縮ませるという体の反応が起きにくく、筋肉痛にもなりにくい方法です。

▶ スタティック・ストレッチの注意点

● 伸ばす部位を意識する
● 反動や弾みをつけない
● 痛みが出ない範囲で 20 〜 30 秒程度キープする
● 呼吸を止めない

　なぜストレッチを行ったほうが良いのか、その理由を理解しながら実施することで、より効果を高めていきましょう。

---

memo

ダイナミック・ストレッチとは

　ダイナミック・ストレッチは、筋肉が収縮しているときにその筋肉と反対の動きをする筋肉は弛緩（緩む）し、運動がスムーズに行えるように働くという相反神経支配を利用した方法です。体を大きく動かすダイナミックな動作により、伸ばそうとしている反対の働きをする筋肉を繰り返し収縮させ、筋肉の弾力性を高めることができます。したがって、体の活動レベルを高め、パフォーマンスをアップさせるようなウォーミングアップ時のストレッチとして適切な方法です。

休息のとり方

第1章 — 第2章 — 第3章 — 第4章 — 第5章 — 第6章 — 第7章 — 第8章

クーリングダウンに最適なメニュー

クーリングダウン 01 ジョギング&ウォーキング

　クーリングダウンでは、試合で上がった心拍数を徐々に落としていきます。息が上がらない程度でゆっくり走るジョギングを10～15分行い、心拍数を穏やかにさせながらウォーキングに移行します。心拍数を戻すだけでなく、筋肉に溜まった疲労物質を血流に乗せて分解、排出する効果も期待できます。

ジョギング

前から

Point
背すじは伸ばして。背中が丸まっていると、腰やひざへの負担が大きくなる

リラックスして、仲間と会話できるぐらいのペースで走る。曲げたひじは体の前では小さく、体の後ろでは大きく動かす

顔を上げて視線はまっすぐ。一定のリズムで呼吸をする

ウォーキング

Point
つま先は極端な内股や外股にならないように進行方向に向ける

腕と足を大きく対角線に動かし、自然に数分間歩く

試合後は、軽いジョギングやストレッチなどでクーリングダウンを行い、ソフトテニスに必要な身体レベルを日常生活の体に戻します。

02 スタティック・ストレッチ

▶太もも裏、ふくらはぎ　ここに効く！ 太もも裏、ふくらはぎ

1

両脚を伸ばして座り、つま先を真上に向ける

上体を前に倒して両手をつま先に近づける

つま先を真上に向けて両手を近づける

アレンジ
届かない人はタオルやチューブを足に引っかけて行う

2

足を正面に伸ばし、もう一方の脚は軽く曲げる

おへそ、骨盤はつま先のほうへ向け、ひざを押さえながら前屈する

つま先を立てると、ふくらはぎから太もも裏まで全体的に伸びる

3　前から

片脚のひざを立て、もう一方の脚は横へ倒した体勢から、前（立てているひざ）に体重をのせる

Point
かかとは床から浮かせない。前脚のひざ、つま先の向きを正面に揃える。逆の脚も同様に行う

▶太もも前 ここに効く！ 太もも前

　大腿部の筋肉は、ひざ関節の曲げ伸ばしや股関節の安定性に関与するため、歩く、走る、跳ぶなど、さまざまな動作で使われています。厚みがあり、頻繁に使われることから疲労が溜まりやすいため、スタティック・ストレッチで柔らかくしておきましょう。

1 脚を前に伸ばして座ったところから片側のひざを曲げ、そのまま上向きに寝るように体を後ろに倒していく

前から 左右のももの位置が離れないようにできるだけ両脚を平行にして行う

NG 折り曲げた脚が外を向いている

2 横向きに寝て、上にあるほうのひざを曲げ、足の甲をつかんでお尻に近づける

斜めから ひざから頭までが一直線になるようにする。ひざが体よりも前に出ないように注意する

76

3

うつ伏せに寝て、片方のひざを曲げ、足の甲をつかんでお尻に近づける

アレンジ

曲げたひざの下にバランスディスクやクッションを置くと、刺激が入る位置が変わる

アレンジ

手が足に届かない人はタオルやチューブを足に引っかけて行う

4

Point
後ろ足のもも前から付け根が伸びていることを感じる

Point
上体を起こした姿勢を保ったまま行う

脚を前後に開き、後ろのひざは床につける。上体を起こし、お尻を前に押し出すようにする

さらに後ろ足のひざを曲げることで太もも前のストレッチ感が強まる

アレンジ

後ろ足をつかむのが難しい人はタオルなどを引っかけて足を寄せる

NG

上半身が前傾する

▶股関節、内転筋　ここに効く！ 股関節、内転筋

　骨盤の寛骨と大腿骨が接続している部分を指す股関節は、寛骨臼（かんこつきゅう）というくぼみに大腿骨頭がはまり、さまざまな方向へ動く関節です。股関節の可動範囲が狭いと、プレーの中で脚を大きく開く姿勢をつくれません。

1
脚をできるだけ開脚し、両手を前方につく

上半身を少しずつ前に倒す

NG

アレンジ

股関節が硬い人は、バランスディスクやクッションをお尻の後方に挟み、骨盤を前傾させるサポートをする

ひざが曲がる。つま先が前に倒れる。体幹部が前に倒れず、背中が丸くなる

2

脚をできるだけ開脚し、上体を左右に倒して、右手を左足に近づける。逆側も同様に

Point
腰や体側の伸びも感じる

3

両足の裏を合わせて座り、上体をゆっくり前に倒す

横から

顔をできるだけ足に近づける

78

▶ お尻　ここに効く！ 大臀筋、中臀筋

1  脚を伸ばして座り、片脚を曲げて伸ばした脚の外側に置き、そのひざを体幹部に近づけるように抱え込む

 上体をひねると、お尻がより伸びる。逆脚も同じように行う

2  上の体勢から伸ばしていた脚を曲げる

 上体をひねる。逆脚も同じように行う

3 　横から　前から

両ひざを立てて座り、両手を後ろについてバランスをとる。伸ばしたい側の脚を持ち上げ、足首を反対側の脚の太ももにのせる

4 　横から　上の体勢から下にある脚のひざ下を通して両手を組み、上体を脚に近づける

　前から

Point
大臀筋がより伸びていることを感じる

▶腰 ここに効く! 腰部

　体の中心にある腰部は、下半身からの衝撃（地面反力）と上半身の重みを支える2つの働きを一度に行っています。ソフトテニスではストローク、サービス、スマッシュなどを繰り返し打つことで大きな負担がかかっています。

仰向けになり、伸ばしたい側のひざを曲げ、腰をひねるように反対側へ倒す

倒したひざを軽く手で押さえると、よりストレッチされる

目線は倒したひざと反対側を向き、ひざと肩をできるだけ地面から離さない

逆側も行う

Point
体幹部をひねることで呼吸が止まりやすいので、意識的に息を吐くようにする。ひざを体から遠くに離すと、より効果的

仰向けになり、片ひざを曲げて両手で抱え、太ももをお腹に近づける。逆脚も同様に行う

仰向けになり、両ひざを曲げて両手で抱え、太ももをお腹に近づける

▶肩の後ろ ここに効く! 三角筋、肩甲骨

1

体の前に伸ばした腕を、もう片方の腕を折り曲げて手前に引き寄せる

伸ばした手のひらの向きを変えると、刺激が入る場所が変わる

2

手のひらの向きを変えると、刺激が入る場所が変わる

あぐらをかき、片方の太ももに反対側の手首をあてて固定し、上体をゆっくり前に倒す

NG
上体がブレて肩の後ろが伸びていない

▶肩、腕 ここに効く! 上腕三頭筋

前から
腕を頭の後ろに回し逆側の手でひじを内側へ引っ張る

横から
背中が丸まらないように注意する

後ろから
ひじを高く上げるとストレッチ強度が高まる

NG
背中が丸まっている

休息のとり方　第1章　第2章　第3章　第4章　第5章　第6章　第7章　第8章

81

▶背中　ここに効く! 脊柱起立筋

横から

楽な姿勢で座り、胸の前で手を組む。両手で大きなボールを抱え込むように肩甲骨を広げ、背中を丸める

前から

Point
目線はおへそをのぞき込む

▶肩の前、胸　ここに効く! 三角筋、大胸筋

背中側で組んだ両手を少しずつ体から離していく

Point
背すじを伸ばしたまま、肩甲骨を寄せる意識で

▶体側　ここに効く! 腹斜筋

前から

頭上で両手を組んで手のひらを上に向け、上体を真横に倒す

逆側も同じように行う

横から

Point
脇の下、腰、骨盤の側面が伸びていることを感じる

NG

背すじが丸まっている。難しければ立って行ってもオーケー

▶手首、前腕　ここに効く！前腕屈筋群

手首を手の甲側に動かす筋肉を使いすぎると、テニスひじと言われるケガにつながります。練習や試合後は手首や前腕の筋肉をほぐし、疲労をなくしておきましょう。利き腕はもちろん、逆の腕もきちんとケアしておくことが大切です。

前から
手のひらを上に向けて腕を前に伸ばし、反対の手で手のひらを手前に押す

横から

Point
前腕の伸びを感じるところでキープする。逆の腕も同じように行う

前から
手のひらを下に向けて腕を前に伸ばし、反対の手で手の甲を手前に押す

横から

Point
前腕の伸びを感じるところでキープする。逆の腕も同じように行う

胸の前で片方の腕の手首を曲げ、反対の手でつかんだ手を回すようにして手首を伸ばす

Point
上の手の前腕は水平にしたまま動かさない

▶首　ここに効く！ 僧帽筋、頭板状筋、肩甲挙筋、胸鎖乳突筋など

1	2	3
手で頭を包むように側頭部を抱え、その手で引くようにして頭をゆっくり倒す。逆側にも同じように行う	手で頭を包むように側頭部と後頭部の間を抱え、頭をゆっくり斜め前のひじの方向に倒す。逆側にも同じように行う	両手で後頭部を押さえ、首を前に傾ける

▶お腹、背中　ここに効く！ 腹直筋、広背筋

1	2
うつ伏せになり、肩の下あたりに両ひじをついて上体を起こす	うつ伏せになり、肩の下あたりに両手を置き、ひじを伸ばして上体を反らす

▶肩、背中　ここに効く！ 三角筋、広背筋

1	2
正座の体勢から上体を前に倒し、左右の前腕を地面につける	四つんばいの姿勢から、お尻を後ろへ引き、両手をできるだけ前に伸ばす

03 筋膜リリース

疲労回復を目的としたアクティブレストには、筋膜を柔らかくして滑りを良くすることで、凝りをほぐす「筋膜リリース」という方法もあります。

筋膜とは、筋肉を包む膜のことで、ウエットスーツのように体全体に張り巡らされています。表層から深層まで立体的に包み込むため、組織を支える第2の骨格と言われています。

筋膜が縮んだり、くっついたりしたときに、凝りや痛みを招き、筋肉の柔軟性を損なう原因になります。

力強く素早いダイナミックな動作が求められるソフトテニスでは、筋肉が効率良くスムーズに動くために、筋膜の「滑り」の良さが必要です。筋膜リリースにより、筋肉や筋膜の萎縮（緊張）、癒着を防ぎ、ダイナミックな動作を行ううえで必要不可欠な、大きな関節可動域を獲得しましょう。

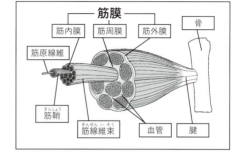

> **memo**
> 筋膜は
> 85パーセントが水分
> 　筋膜はコラーゲンでできており、85パーセントが水分です。水分の枯渇、パソコンやデスクワークなど同じ姿勢での長時間作業、筋肉の柔軟性の低下などにより、筋膜同士がくっついて、筋肉自体の動きを悪くしてしまいます。

▶ふくらはぎ、アキレス腱　ここに効く！下腿三頭筋

ふくらはぎの下にローラーを置き、ひざ、股関節を曲げ伸ばしする

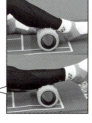

Point
つま先の向きを内、外に少し変えることで広範囲をケアできる

▶太もも前
ここに効く! 大腿四頭筋

ふくらはぎの下にローラーを置き、ひざ、股関節を曲げ伸ばしする

▶股関節、内転筋
ここに効く! 股関節、内転筋、恥骨筋

うつ伏せになり、太ももの内側にあたるように置いたローラーを前後に転がしてほぐす

▶太もも外側
ここに効く! 外側広筋

横向きに寝て、上体を起こし、両手と上にある足を前に置くことで体を支える。太ももの外側にあたるように置いたローラーを前後に転がしてほぐす

▶太ももなど　**ここに効く!** 該当する筋肉

ほぐしたい部位に筋膜リリース用ボールを当て、前後に転がしてほぐす

足の裏は立位で片足をボールにのせ、足底に圧をかけながら前後に動かす

上半身の筋膜リリースは、ボールを使うと、いつでもどこでも手軽にできる

筋膜リリースは、特定の道具を使わなくとも、硬式テニスボールやゴルフボール、青竹踏みなどでも代用できる

04 アイシング

　練習や試合で疲労した部位を冷やす「アイシング」も、スポーツにおける積極的な疲労回復法で、パッシブ（受動的）リカバリー法の１つとしてよく用いられています。ケガをした際の応急処置としても有効です。

　激しい運動をすると、体は筋温の上昇を沈めるために、大量のエネルギーを消費します。これが疲労蓄積の原因になるため、すみやかに筋温を下げるのが良いとされています。大会中も１試合終わるごとにアイシングを行うと、疲労が軽減されます。

　アイシングには、部分的に冷やす方法と、全身を冷やす方法があり、後者は「アイスバス」と呼ばれる、氷と冷水を入れた簡易プールの中に浸かる方法です。しかし、ソフトテニスのチームがそれを準備するのは現実的に難しいと思います。一般的には、氷を入れた氷のうやビニール袋を冷やしたい部位にあてたり、冷水を入れたバケツなどの容器に足を突っ込んだりします。体全体の熱を下げたいときは、首すじやわきの下、太ももの付け根など、皮膚のすぐ下に太い血管が通っている箇所に氷のうをあてます。これは熱中症対策にもなります。

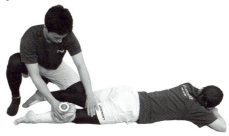

> **memo**
>
> **人工的な保冷材は要注意**
>
> 　不凍液やゲル化剤などを密封した保冷材をアイシングで使用する際は注意が必要です。氷は時間が経てば溶けるので心配ありませんが、人工的な保冷材は、あて方によってはその部位が凍傷になる危険があるからです。使うときはタオルでくるむなどして、直接肌にあてないようにしましょう。

▶ アイシングの準備

▶ 用意するもの

- 氷のう（なければビニール袋）
- 氷
- バンテージ（アイシングラップ）

▶ 氷のうのつくり方

①氷のう（ビニール袋）に隙間ができないように氷を詰める

②蓋や口を締める際に中の空気をできるだけ抜き、密閉状態にすることで氷が溶けにくくなる。また、患部にあたる面積を広くできる

▶ クリアケースを使う

　足首や手首、ひじまわりのアイシングでは、氷のうを使わず、氷水を入れたバケツなどの容器に足や手を突っ込んで冷やす方法もあります。ただし、バケツでは大量の氷が必要になるため、持ち運びにも便利なクリアケースを使ったアイシングをお勧めします。

①クリアケースの底に氷を敷き詰める

②敷き詰めた氷に足をのせ、その上からさらに氷を入れる

③水を注いで15〜20分間程度冷やす

▶アイシングの方法

　疲労回復を目的としたアイシングでは、冷却温度と冷却時間が重要になります。冷却温度は、氷が氷点下であると凍傷になる恐れがあります。家庭用の冷凍庫でつくった氷は0℃以下に凍っている場合があるため、一度、水に濡らしてから使用しましょう。

　冷却時間については、15〜20分程度の実施が望ましいとされています。アイシングを実施すると、①強い冷感、②灼熱感、③疼痛、④感覚消失の順で感じ、感覚が消失するまでに15〜20分かかると言われています。疼痛が出てきたところで終えてしまう人が多いですが、感覚が消失するまで20分程続けてください。

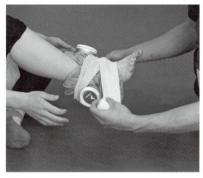
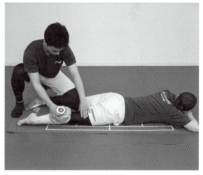

①患部に面積を広くした氷のう（ビニール袋）をあてる。チームメイトや家族が近くにいれば、患部にあててもらう。あるいは、バンテージやアイシングラップで固定してもらう

②15〜20分間程度冷やす。アイシングラップに開始時間や終了時間を書いておくとわかりやすい

アレンジ　1人で行うときは、専用のアイシングサポーターが便利。氷のうやビニール袋をポケットにセットして形を整え、ベルトが外れないように装着する

05 交代浴
クーリングダウン

　疲労回復を目的とするアクティブレストでは、交代浴も有効です。交代浴とは、温度差のある、お湯と水へ交互に浸かる入浴法です。温冷刺激により、体を活動状態に促す交感神経と、リラックス状態に促す副交感神経の双方に働きかけ、血管の収縮（細くなる）と拡張（広がる）が繰り返されることで、全身の血液循環を促します。そして、体内に溜まった老廃物（疲労や体の不調の原因となる物質）を体外へ排出しやすくします。

▶ 交代浴の実施方法

❶ 40 〜 42℃に設定したお湯に 1 〜 2 分間浸かります。
❷ 次に 10 〜 30℃くらいの水風呂に 1 〜 2 分間浸かります。
❸ それを 5 〜 10 回繰り返し、最後は冷水で終わります。
＊自宅やホテル自室のお風呂で水風呂を用意できない環境では、シャワーでも同様の効果が得られます。

　毛穴を引き締めて血管を収縮させることで体内の熱を逃がさないようにしたいため、最後は冷水で終わりましょう。お湯で終わっては効果が半減してしまいます。慣れていない方は、終わった後、まれに疲労感を感じることがあります。慣れもありますので、徐々に行うことが大切です。
　冷水の温度が幅広い点について、入浴研究の第一人者・東京都市大学の早坂信哉教授は、「生理学的には10℃の違いで十分、交感神経への刺激になる」と述べています。したがって、冷水の温度は好みや体調に合わせて調整が可能です。

---

memo

サウナはほどほどに
　血液循環を良くするには、サウナも同じような効果があり、好きな人も多いと思います。ただ、サウナは多量の汗をかくため、脱水症状になりやすい面があります。練習や試合で十分に汗をかいているみなさんには、疲労回復目的でのサウナはあまりお勧めしません。

睡眠

　体に溜まった疲労をとるには、睡眠も欠かせません。人間の睡眠にはサイクルがあり、深い眠りと浅い眠りを約90分のサイクルで4、5回繰り返しながら、次第に浅くなっていきます。とくに深いノンレム睡眠時に、筋肉組織の修復、成長ホルモンの分泌増加、免疫機能の強化が行われます。これらは日中に受けたダメージを回復し、体全体の機能を最適化するために重要です。

　良質な睡眠をサイクルから考えると、6時間、7時間半など、90分の倍数時間で起きると、基本的には目覚めがいい朝を迎えられます。ただ、人間には慣れがあるため、「8時間寝ると調子が良い」という人は、8時間が最適な睡眠時間となります。

　気持ちの昂ぶりや緊張でなかなか眠りにつけないこともあるかもしれません。でも、目をつむっているだけで体は休まります。1日程度の睡眠不足はプレーに大きく影響することはないので、十分に寝られなかったからと言ってそれほどナーバスになる必要はありません。

図1　質の良い睡眠イメージ

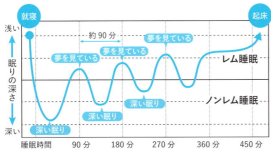

memo

時差対策は90分サイクルで対応
　日本代表チームなどで海外に遠征すると、時差の対応も考えなければいけません。時差に慣れるには、人間がもともと備えている動物的な本能に置き換えます。睡眠時間を90分の倍数時間にすることで、時差ボケをスムーズに解消できます。

ホテルでは乾燥に注意
　コンディショニングにおいて、屋内の湿度は大切です。乾燥は喉を痛めたり、風邪を引いたりする原因になります。とくに乾燥しやすいホテルの部屋では、お風呂にお湯を溜めておく、濡らしたタオルをかけておくなどして、一定の湿度を保つようにしましょう。

Column: その他の疲労回復法 水泳やマッサージ、気分転換など

　疲労を回復させる方法は、これまで紹介した以外にもいろいろあります。マッサージはその1つで、チームメイトや家族にその部位を揉みほぐしてもらったり、自分でケアしたりします。心地いい、痛気持ちいいと感じる力加減で行うのがポイントです。最近は、筋肉に振動を伝えて刺激を入れるマッサージガンや、低周波電流により血行を促進する低周波マッサージといった写真のようなアイテムもありますので、活用するのもいいかもしれません。

マッサージガン

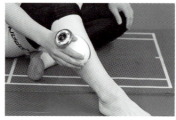
低周波マッサージ

　プールに入るのも有効です。遠征で宿泊したホテルにある場合などに限られますが、プールに入ると水圧や浮力の効果で筋肉の緊張が和らぎ、全身の血流が促されるからです。ゆっくり泳いだり、歩いたりするだけで十分です。ただし、水の中に長時間入り続けるのは禁物です。中高生は、プールが楽しくてはしゃぎますが、それで疲れてしまうのは逆効果です。15〜20分と時間を決めて入るようにしましょう。

　休養では、リラックスすることが大切ですから、本を読む、好きな音楽を聴く、映画を観るというのもいいと思います。私が日本代表チームのトレーナーとして海外遠征に帯同した際、バスの移動中に映画『海猿』を見たこともあります。疲労回復というより、チームが1つになるというテーマを共感しようといったメンタルを整えることが目的でしたが、それで良いパフォーマンスにつながるのなら、映画鑑賞も意味があります。

　ただ、スマートフォンで長時間、動画を見たり、ゲームをしたりするのは、目が疲れてしまうという点であまりお勧めしません。適度な使用時間を心がけましょう。

第4章

ケガの予防と
対処法

試合や練習で一生懸命プレーしていれば、どうしても避けられない
ケガがあります。ソフトテニスではどんなケガが起こりやすいの
か、起きてしまったときはどのように対処すればいいのか。また、
できるだけケガをしないような予防方法などを覚えましょう。

RICE処置と
セルフコンディショニング

外傷と障害の違い

　ソフトテニスを続けていれば、ケガをしてしまうことはあります。スポーツにおけるケガ（傷害）は、大きく「外傷」と「障害」に分けられます。

　「外傷」とは、一度に強い力が加わり、明らかな外力によって組織が損傷した場合を言います。たとえば、転んだり、衝突したりした際に起こる骨折や脱臼、捻挫（靭帯損傷）、打撲（筋挫傷）、肉離れ、筋けいれん（こむら返り）、腱断裂などのケガです。

　「障害」は、特定の動作を繰り返し行うことで特定部位に負担が積み重なり、慢性的な痛みが続いているものを言います。オーバーユースなどと呼ばれる〝使いすぎ〟が原因として発生します。たとえば、テニスひじ、オスグッド・シュラッター病、シンスプリント、腸脛靭帯炎、鵞足炎、アキレス腱周囲炎などが挙げられます。

▶ ソフトテニスで多い外傷と障害

外傷…捻挫（靭帯損傷）、肉離れ、筋けいれん（こむら返り）、 腱断裂など

障害…腰痛症、ひざ痛、シンスプリント、肩痛（インピジメント）など

---

memo

ケガをしたら休むべき？

　ケガをしたら、できれば一定期間テニスはせず、治療に専念することが望ましいです。ただ、試合中や試合前なら軽い痛みは我慢して、プレーしなければいけない状況もあるでしょう。自分が動けると判断したら構いませんが、たとえば翌週に重要な試合が控えているとしたら…。その試合を続ける意味や価値を考えて判断してください。

ソフトテニスを含めたスポーツ全般で、外傷や障害が起こりえます。これらの予防（起こさない）、対処（起こったときの対応）、回復（治癒と復帰）といった方法をきちんと理解しておくことが大切です。

アイシングなどですみやかに対処

外傷と障害ではそれぞれ対処方法が変わります。

外傷を受けたときは緊急処置として、「RICE処理」を行います。患部の出血や腫脹、疼痛を防ぐことを目的に患部を安静にし（Rest）、氷で冷却し（Icing）、弾性包帯やテーピングで圧迫（Compression）し、患肢を挙上すること（Elevation）が基本です。安静、冷却、挙上については、外傷のときだけでなく、夏場の熱中症や貧血などの体調不良の処置としても効果的です。

慢性的な痛みがある障害の場合は、アイシングにより炎症や内出血、腫脹を抑制し、組織の回復を早め、痛みを軽減させることが期待できます。また、障害は使いすぎることで発生するため、痛みが出ていないときから、「疲労しているな」「今日の練習ではよく使ったな」と感じる部位は、練習後のクールダウンと合わせてアイシングを行うことで、障害の発生を抑えることができます（アイシングの方法は87ページ以降を参照）。

> **memo**
>
> 外傷や障害のためのアイシング
>
> 外傷の場合、15〜20分のアイシングを1〜2時間の間隔をあけて、24〜72時間継続することが望ましいです。急性外傷後のアイシングは、バンテージによる圧迫と併用することで効果が高まると言われています。障害の場合、インターバルは急性外傷ほど繰り返す必要性はありませんが、繰り返す場合は最低2時間以上の間隔をあけることが推奨されています。

Rest（安静）

Icing（冷却）

Compression（圧迫）

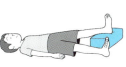
Elevation（挙上）

テーピングについて

　傷害の予防や対処には、テーピングを利用するのも効果的です。テーピングとは、テープ等を巻くことで主に関節を補強するもので、予防や応急処置、再発防止に役立ちます。

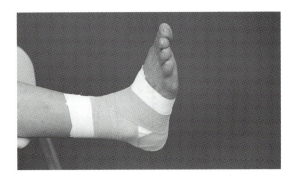

　予防は、今までに傷害がない場合に、運動中に起こるかもしれない傷害を未然に防ぐこと。応急処置とは捻挫した関節の固定、圧迫を目的にしています。現在、傷害を持っているか、もしくは以前傷害を受けた経験のある人が同じ部位の傷害の再発予防を目的に行う場合もあります。

---

memo

テーピングは正しく巻く

　テーピングは正しい手順や方向で巻かないと、本来の効果を発揮できません。また、張力にばらつきがあると、皮膚のトラブルや血行障害の原因にもなります。102ページ以降で、いくつかの傷害では巻き方を紹介していますので、正しい方法を身につけましょう。

▶ テーピングの効果

- 関節の異常な動きを制限し、正常な動きは制限しない
- 人工的な靭帯や腱となる
- 圧迫を加える
- 不安定になった関節を固定し、安定させることで痛みを和らげる
- 精神的な支えとなる

予防や再発予防のテーピングでは、皮膚への影響も考え、原則的には運動の30分から1時間前にテーピングを行い、運動後30分以内にとります。午前と午後に運動を行う場合は、貼り直すほうがいいでしょう。応急処置のテーピングは、安静状態を保つという前提で、個人差はありますが、1～3日くらいテープをしたままで構いません。

テーピングの種類

　テーピング用のテープは、主に「非伸縮性」「伸縮性」の2種類に分けられます。「非伸縮性」は引っ張っても伸びず、関節や筋肉を固定・圧迫する目的で使います。テーピングの基本となるテープで、本書では白いテープを使用しています。
「伸縮性」は、やや厚手の布地で伸縮性と強度に優れています。肩やひざ関節など可動範囲の大きな部位や、プレー中にある程度自由な動きを望む場合に適しています。
　一般的に「キネシオ」と言われるキネシオロジーテープも伸縮性タイプに含まれます。筋肉や皮膚の伸縮性に近い特性があり、筋肉や靭帯、腱に沿って貼ります。アンダーラップは、テーピングをはがす際に皮膚まで一緒にめくってしまうことを防ぐために巻きます。

キネシオタイプ

伸縮性

アンダーラップ

非伸縮性

足首の捻挫（靭帯損傷）

　捻挫は、関節が可動範囲を超えて無理に押し曲げられたり、ねじられたりして、関節包や靭帯が過度に伸張するか、不完全あるいは完全に断裂を生じたケガです。ソフトテニスにおいては、ストロークで踏ん張ったり、切り返し動作をしたりしたときに自身が支えきれずに倒れてしまう場面や、上から打つサービスやスマッシュ、ボレーの着地時に踏み外してしまう際に足首に起こります。

　捻挫の中でも足関節内がえし捻挫は、スポーツ全体でも最も頻繁に発生すると言われています。つま先が下を向き、かつ足関節が内側に傾く複合動作を内がえしと言い、その内がえしの方向に強く力が加わることによって、関節を安定させている靭帯（主に前距腓靭帯、踵腓靭帯）が損傷してしまうケガが足関節内がえし捻挫です。

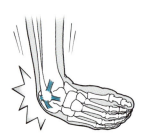

> **memo**
> 傷害の程度で
> 3段階に分類
> 　捻挫や肉離れは傷害の程度は3段階に分類されます。1度（軽度）は靭帯が過度に伸張されるか、わずかに切れた状態、2度（中度）は靭帯が部分的に切れた状態、3度（重度）は靭帯が完全に断裂した状態です。正確な状況把握はレントゲンでは難しく、MRIやエコーでの診断が望ましくなります。

捻挫の対処法

　捻挫をしてしまった場合は、RICE処置を実施します。できるだけ早く行うことで、痛みなどの症状を最小限に抑えることができ、復帰までの期間も早くなります。3度（強度）の捻挫ではRICE処置の後、2〜3週間のギプス固定を要することがあります。

捻挫の予防方法

　足関節を安定させるために、すねやふくらはぎの筋力を強化しましょう。靭帯だけでなく、筋肉でも関節を支えることで、足関節が安定します。その際、足趾（足の指）も意識して動かします。足で踏ん張る際は、足趾でも地面をつかむことで安定します。ふくらはぎや足趾の筋力強化は、フットワークの向上にもつながります。

捻挫予防 01 カーフレイズ

裸足になり、足を腰幅に開いて立つ。姿勢が崩れないように壁で体を支える

Point
つま先をまっすぐにし、足の指をしっかりと開く

Point
上げたかかとが内側や外側を向かないように。足の指で踏ん張る意識を持つ

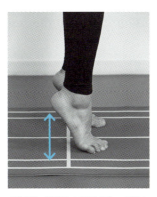

母趾球（親指の付け根）で踏ん張り、かかとを上げる、下げるという動きを繰り返す

捻挫予防 02 トゥレイズ

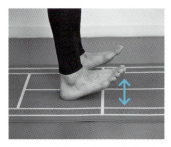

カーフレイズのスタート姿勢になり、つま先を地面から浮かす、下げるを繰り返す

Point
つま先はまっすぐ引き上げ、その際にお尻を後ろへ引かないように注意する

続いて、両足の内側を浮かせたり、外側を浮かせたりする

捻挫予防 03 チューブで負荷をかける

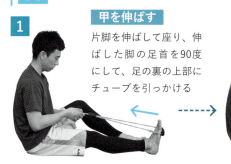

1 **甲を伸ばす**
片脚を伸ばして座り、伸ばした脚の足首を90度にして、足の裏の上部にチューブを引っかける

チューブの逆側の端を自分の手で固定したまま、足を前に倒して足の甲を伸ばす。逆の足も同様に

2 **すねを伸ばす**
足の甲側にチューブを引っかけ、逆側の端をパートナーに引っ張ってもらう

すねの筋肉の伸びを感じながら、つま先を足の甲側に曲げる

捻挫予防 04 硬式テニスボールを足で

片脚を伸ばして座り、壁と足の裏（やや上）の間に硬式テニスボールを挟む

足を壁側に倒すようにして、ボールを押し込む。逆の足も同様に

捻挫予防 05 バランスディスクを用いて

1

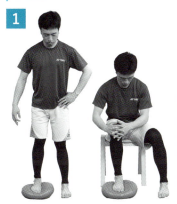

立ったまま、あるいはイスに座り、片足をバランスディスクにのせる。つま先、かかと、足の外側、内側といろいろな方向に重心をかけて足首を動かす。逆の足も同様に

2

立った姿勢で両足でバランスディスクにのる。つま先、かかと、足の外側、内側といろいろな方向に重心をかけて足首を動かす

Point
バランスを崩さないように腰を落とす動きもやってみよう

101

▶足首を捻挫したときのテーピングの巻き方

 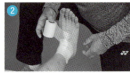 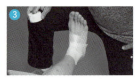

①〜③ふくらはぎ下部から足の甲にかけて、テープを巻く範囲にアンダーラップを巻く

 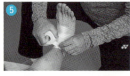

ここから白い非伸縮性テープを使用する。④〜⑤ふくらはぎ下部に1周巻いて切る

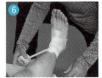   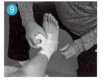

⑥〜⑨⑤のテープから幅半分ほど上にずらして1周巻いて切る。さらに⑤のテープから幅半分ほど下にずらして1周巻いて切る

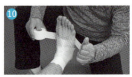 

⑩〜⑪足の甲と足の裏を通るように巻く

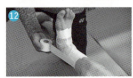 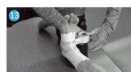 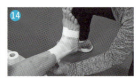

⑫〜⑭足首の内側（くるぶしのやや上）から足の裏を通り、足首の外側（くるぶしのやや上）まで貼る

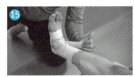 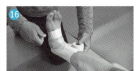 

⑮〜⑰⑭に重ねるように、貼り始めは半分ほど下にずらし、外側は下にずれて終わる。さらに1本目の半分ほど上にずらして貼り始め、外側は1本目より下にずれて終わる

⑱〜⑳足の外側からくるぶしとかかとを通り、内側のくるぶしを覆うように貼る

㉑〜㉒すねの下部から外側に向かってかかとを覆い、内側のくるぶしを通るように巻く

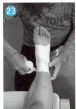

㉓足の甲から外側のくるぶし、かかとを回り、内側のくるぶしを通って貼り始めたところまで貼る

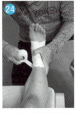

㉔㉓の少し上から足首を1周巻いて切る

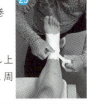

㉕さらに少し上にずらして1周巻いて切る

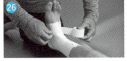 

㉖〜㉗足の甲から足の裏を通り、足首の後ろを内側から外側へ回って足の甲あたりで切る。それを同じようにもう1回巻く

㉘〜㉙足の甲から内側へ。かかと、足の裏を抜けて足の甲まで貼る

㉚〜㉝足首全面から外側へ。かかと、足の裏を抜けて足の甲を通り、足首も回ってすねの前面まで巻く

㉞〜㉟最後に足の裏から貼り、両端を足の甲で止める

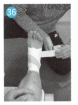 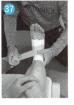 

㊱〜㊳補強したい場合は、別のテープを使用。外側のくるぶしから足の裏を通り、足首を回す。8の字になるように何周か巻く

肉離れ

肉離れとは、その名の通り、「筋肉が離れる、離される」ことで、筋肉に過剰な負荷がかかることにより強制的に引き伸ばされて受傷します。スポーツの現場では一般的に、動作中に急に筋肉が切れたように実感するとともに痛みを感じ、プレーの継続が困難となる状態を指します。

受傷する箇所は、筋肉から腱へと移り変わる筋腱移行部周辺に多く見られます。全受傷部位の中では、太ももの裏側にあるハムストリング（約4割）と、腓腹筋とヒラメ筋で構成されるふくらはぎの下腿三頭筋（約1割）で約5割を占めているという報告もあります。ソフトテニスでの肉離れも、この部位を受傷するケースが非常に多いです。

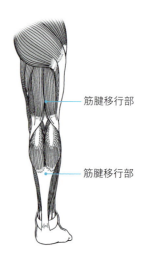

筋腱移行部

筋腱移行部

> **memo**
>
> **ソフトテニスの肉離れ**
> ブレーキを掛ける動きや、進行方向を変化させるような切り返し動作のときに起きやすい傷害です。また、自らの動作範囲（関節可動域）を超える動作により発生する場合もあります。最悪の場合、関節の脱臼を起こしてしまうこともあります。
>
> **完全断裂では整形外科へ**
> 肉離れも捻挫の場合と同様、損傷程度はMRIの診断によって1〜3度に分けられます。1度（軽傷）は筋線維や血管の損傷、2度（中等症）は筋腱移行部の損傷、3度（重症）は筋腱付着部の完全断裂です。3度では手術が必要になる場合もあるので、必ず整形外科を受診してください。

肉離れの対処法

肉離れをしてしまったときもRICE処置を実施します。よく痛めた部位をストレッチして無理に伸ばそうとする人がいますが、それではよりダメージを与えてしまう可能性があります。受傷直後は運動を中止し、安静に保つことが重要です。

肉離れの予防方法

　肉離れを予防するには、以下に紹介するような伸張性収縮時の筋力を高めるトレーニングや、静的ストレッチにより動作範囲（関節可動域）を高めることが有効です。

ハムストリング

ノルディック・ハムストリング

Point
上体を倒すときも戻すときも、姿勢はまっすぐ保ったままでゆっくり行う

ひざ立ちとなった体勢で足首をパートナーに固定してもらう。ひざを支点に前傾し、ある程度まで倒したら元の姿勢に戻る

ルーマニアン・デッドリフト

Point
上半身を前に倒す際、お尻を後ろに突き出すように倒す

両足は腰幅に開き、両腕を真下に伸ばした状態でバーやバーベルを握る

バーやバーベルが太ももに沿うようにゆっくり上体を前に倒し、同じ軌道で最初の体勢に戻る

ストレッチ①

Point
胸をできるだけひざに近づける

片脚を伸ばして座り、伸ばした脚に上半身をかぶせるように前に倒す

ストレッチ②

仰向けになって片脚を伸ばしたまま浮かせ、両手で支えながら足を自分の顔のほうにゆっくり倒す

肉離れ予防 02 ふくらはぎ

カーフレイズ

裸足になり、足を腰幅に開いて立つ。姿勢が崩れないように壁で体を支える

Point
つま先をまっすぐにし、足の指をしっかりと開く

Point
上げたかかとが内側や外側を向かないように。足の指で踏ん張る意識を持つ

母趾球（親指の付け根）で踏ん張って、かかとを上げる、下げるという動きを繰り返す

ストレッチ

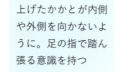

イスに座り、片脚を前に伸ばし、そのひざに両手を置く。ふくらはぎの伸びを感じながら体を前に倒す。逆の脚も同じように行う

▶ハムストリングを肉離れしたときのテーピングの巻き方

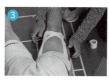

①〜②白い非伸縮性テープを使う。太もも裏の外側と内側に縦に1本ずつ貼る

③〜④ひざ裏から付け根方向に「×」になるようにいくつか貼っていく

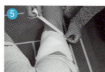
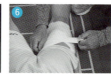

⑤〜⑥ひざ裏から付け根方向に、横向きにいくつか貼っていく

⑦②と同じように、太もも裏の外側と内側に縦に1本ずつ貼る

⑧⑨立った姿勢で、伸縮性テープを全体に巻いていく

アキレス腱の痛み

　かかとの骨の上にあり、ふくらはぎの筋肉とかかとをつないでいるアキレス腱は、人体の中で最も太く強い腱と言われています。腓腹筋とヒラメ筋が集まって束になり、アキレス腱を介してかかとについています。歩行やダッシュはもちろん、つま先立ちやジャンプ動作でバネのように強く働きます。

　ダッシュやジャンプ動作で体をねじる癖がある、あるいは骨盤が左右にブレることで、アキレス腱周囲に過度なストレスがかかります。それによって腱上膜や脂肪組織に炎症が生じ、肥厚したり癒着したりすることで痛みを引き起こします。これがアキレス腱炎・周囲炎です。

　さらに変性が進むとアキレス腱断裂に至る場合もあります。アキレス腱断裂とは、下腿三頭筋の疲労（収縮状態）から、まっすぐ伸びるだけでなく、斜めに引き伸ばされるような線弾力が加わっ

アキレス腱炎とアキレス腱周囲炎

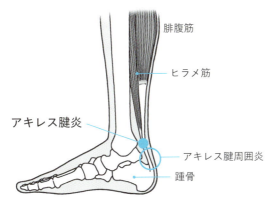

> **memo**
>
> **腱上膜や脂肪組織とは**
> 　アキレス腱の周囲は血流豊富な腱上膜に包まれています。アキレス腱と腱上膜の間には組織液が含まれ、摩擦を軽減しています。また、アキレス腱の奥には脂肪組織があり、アキレス腱へ血流を供給しています。

たときに起こりやすい傷害です。受傷時には「ふくらはぎをバットで叩かれた感じ」「ボールがあたった感じ」などの衝撃を感じることが多く、「破裂したような音がした」など断裂したときの音を自覚することもあります。

　ダッシュやジャンプ、急激な切り返し動作が繰り返されるソフトテニスでは、アキレス腱に関わる傷害も少なくありません。気づかないうちに疲労が溜まっていることも多いため、日頃からストレッチやケアを心がけましょう。

アキレス腱断裂の検査と応急処置

アキレス腱断裂の手当て

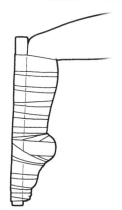

　アキレス腱断裂が疑われる場合、徒手検査としてトンプソンテストを行います。うつ伏せでひざを直角に曲げた状態でふくらはぎを強くつまみます。正常であればつま先が上に動きますが、アキレス腱が断裂している場合、この足首の動きが見られなくなります。

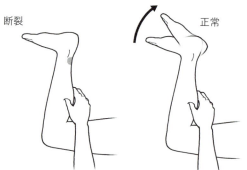

断裂　　　　　　　　　　正常

　アキレス腱断裂の応急処置としては、アキレス腱がゆるみ、断裂部が寄せ合わされるように足関節は伸ばした状態で固定します。固定をしながらできる範囲でRICE処置を行ってください。

▶ アキレス腱炎や断裂の予防ストレッチとケア

アキレス腱、ヒラメ筋ストレッチ

Point
かかとは床から浮かせない。前脚のひざとつま先の向きを正面に揃える。逆の脚も同様に行う

片脚のひざを立て、もう一方の脚は折り曲げた体勢から、前（立てているひざ）に体重をのせる

下腿三頭筋ストレッチ

1
壁に両手をつき、両足を前後に開いて、後ろ脚はひざを伸ばし、かかとが床から離れないようにする。壁を押すように前方へ体重をのせ、後ろ脚のアキレス腱や下腿三頭筋を伸ばす。逆の脚も同様に行う

Point
つま先の向きはまっすぐに向ける

2
足を前後に大きく広げ、前脚を曲げて体重をかけて、後ろ脚のアキレス腱を伸ばす。逆の脚も同様に行う

3
足を前後に広げ、お尻を落として体重をかけながら後ろ脚のひざを曲げていく。逆の脚も同様に

下腿三頭筋のケア

ふくらはぎの下にローラーを置き、ひざや股関節を曲げ伸ばしする。つま先を内、外に向きを少し変えることで広範囲をケアできる

Point
ローラーがなければ、硬式テニスボールでも代用可能。ひざは伸ばしたままで、お尻ごと前後にスライドさせる

筋けいれん（こむら返り）

　筋肉が突然収縮し、短時間持続する現象で、通常は疼痛（痛み）を伴います。部位は下腿三頭筋（ふくらはぎ）が多く、大腿四頭筋（太もも前）や腹筋に発生することもあります。

　主に「良性特発性の筋けいれん」と「運動に伴う筋けいれん」があり、後者は運動中または運動直後に発生しやすく、ソフトテニスでは夏場の試合や練習で最も多い症状の1つです。

　運動に伴う筋けいれんを招きやすい要因としては、①腓腹部の筋が張っている（ストレッチ不足、運動不足、下腿浮腫など）、②脱水、③電解質異常（カリウムやマグネシウムの低下）、④神経疾患または代謝性疾患、⑤特定の薬剤などがあります。また、私の現場経験からでは、こういった要因に精神的な緊張がプラスされると、けいれんの発生率が高まっています。

　さらに、熱中症の中の熱疲労（第8章参照）との関わりも深く、高温多湿な環境下では発症しやすいと考えられます。

> **memo**
> 良性特発性の
> 筋けいれん
> 　典型的には夜間の寝ている状況で突然発生します。一般的に「こむら返り」と言われているものです。詳細なメカニズムはわかっていませんが、筋肉の疲労、ナトリウムなどの電解質の異常、脱水、気温、睡眠不足、飲酒などが原因として関わると言われています。

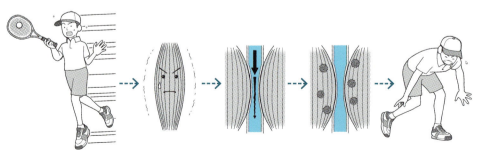

筋肉を酷使 → 筋肉が緊張 → 筋肉が血管を圧迫、血流が滞り酸素不足に → 血管内に疲労物質が蓄積し、神経を刺激 → 脳に伝わり痛みを感じる

筋けいれんの解消法

　筋けいれんが起きている部位を伸ばすことが必要です。同時に、氷嚢などのアイシングで冷やす、冬場であればホットパックなどで温めるといった、極度の温度変化における神経刺激も有効です。さらに、深呼吸などによってリラックスし、脳の興奮を緩和することも重要です。

　ソフトテニスで筋疲労からくるけいれんは、下腿三頭筋（ふくらはぎ）に起きるケースが多いです。ただ、熱中症から考えられる熱けいれん（第8章参照）は、けいれんの場所が次々に移動し、一部だけの対処では収まりません。この場合は完全安静が必要です。体を安静にするとともに、「経口補水液」といった点滴に近い栄養ドリンクの給水が不可欠になります。

▶ふくらはぎをけいれんしたときのテーピングの巻き方

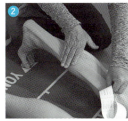

①キネシオタイプを使用する。足の裏からひざの裏やや外側にかけて1本貼る

②〜③足の裏からひざの裏やや内側にかけて1本貼る。これで終了

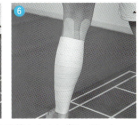

④〜⑥③でけいれんが収まらないときは、伸縮性テープを足首から上に巻いていく

腰の痛み

ソフトテニスで起きやすい腰痛のうち、運動中に腰の筋膜や筋肉の損傷によって痛みが生じる障害を「筋・筋膜性腰痛症」と言います。

屈伸、回旋、衝撃などの無理な体勢から背筋に過剰な負担がかかる場合に発症する急性期の傷害と、使いすぎ（オーバーユース）による疲労が原因で、背筋の緊張が高まって発症する慢性障害があります。長時間のデスクワークや中腰作業など、日常生活でも悪い姿勢が続いたときに痛みが生じることもあります。急な強い痛みとして知られる「ぎっくり腰」も、筋・筋膜性腰痛であることが多いです。

ただ、体の中心にある腰部は、下半身からの衝撃（地面反力）と上半身の重みを支える2つの働きを一度に行っています。上半身と下半身、上下からの影響で腰が痛くなっている可能性も考えられます。

memo
腰部の構成とは

背骨を構成している骨（脊椎）のうち、腰椎は5個の骨の積み重ねで成り立っています。この骨と骨との間には、椎間板という柔らかいクッション代わりの組織があり、骨同士の衝撃を和らげています。また、腹筋（腹直筋、内外腹斜筋、腹横筋）と背筋（脊柱起立筋、広背筋、大腰筋）などが、背骨をとり囲むようにして支えています。

腰痛の対処法と予防方法

発症直後の急な強い痛みの後では、基本的に安静とアイシングが大切です。そして、損傷部位を温めることで血行が改善され、修復を早めてくれます。また、損傷した筋肉は拘縮しているため、ストレッチが重要な改善策となります。腰にある筋肉が痛みを発していますが、腰への負担を左右する部位は広く、全身のストレッチと筋力のバランスを整えることが必要です。

memo
ストレッチで柔らかく

臀部や股関節屈曲を行う腸腰筋の柔軟性低下も、腰痛に大きく影響します。それぞれの部位は日頃からストレッチで柔らかくしておきましょう。

ハムストリング（太ももの後ろ）と腰部のストレッチ

長座で座り、ひざを曲げてつま先を持つ。へそを覗き込むように背中を丸めながら、ひざをゆっくりと伸ばす

臀部のストレッチ

1

片脚を伸ばして座り、もう一方の足を伸ばした脚の外側に立てる。体幹部と立てているひざを近づけるように抱え込む

2

仰向けになり、両ひざを曲げて両手で太ももの裏から抱え、ひざをお腹に近づける

腸腰筋のストレッチ

Point
上体を起こして胸を張る。お尻を前に押し出すようにする

片ひざ立ちになり、後ろ脚の足首を持ってひざを曲げる

腰背部のストレッチ

仰向けになり、伸ばしたい側のひざを曲げ、腰をひねるように反対側へ倒す

Point
倒したひざを軽く手で押さえると、よりストレッチされる

脊柱起立筋・広背筋（背中）のストレッチ

正座の体勢から上体を前に倒し、左右の前腕を地面につける

片手を肩よりも外側に置き、もう一方の手を重ねて、お尻を後ろへ引く

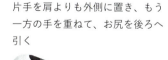

肩の痛み
（インピンジメント症候群）

人間の肩は、関節を構成している面が非常に小さいため、さまざまな方向に腕を動かすことができる反面、安定性に乏しく、脱臼などの傷害が起きやすい構造をしています。肩関節（肩甲上腕関節）を安定させるために、ローテーターカフと呼ばれる肩のインナーマッスルが支えています。サーブやスマッシュなどで腕を上げる際は、インナーマッスルが肩を安定させながら、体の表面にあるアウターマッスルが力を発揮し、肩関節が動いています。また、肩甲骨自体も動くことで、腕の動きをスムーズに行っています。

肩に痛みが出たときの主な原因は、使いすぎによるケア不足、体の深層にあるインナーマッスルと表面にあるアウターマッスルのバランスの崩れ、肩甲骨の動きが制限されることでインナーマッスルの動きがうまくいかず、擦れたり、引っかかったり、周囲の腱などが骨と衝突したりしている（インピンジメント症候群）ことが考えられます。

> **memo**
> 人間の肩関節
> 　私たちの肩関節（肩甲上腕関節）は、図のような形になっており、肩甲骨のカップ状のくぼみに、球状の上腕骨の頭（上腕骨頭）がはまることで構成されています。猫背などの姿勢は肩甲骨の動きが制限されて無理な動きにつながり、痛みが出やすくなります。

肩の骨について

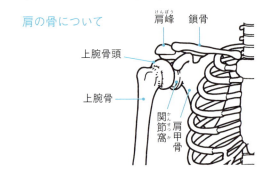

肩の痛みの対処法

　日頃からケアを実施し、良い状態を保ちましょう。姿勢を正すことで痛みが改善される場合もあります。ラケットを使ったストレッチと、インナーマッスルのトレーニングをご紹介します。

ラケットを使用したストレッチ

ラケットを寝かせて持ち、90度に曲げたひじを肩と水平に保つ

Point
ひじの位置が肩よりも下がらないように注意する

ひじを支点に、腕を回してラケットを持ち上げ、元の位置まで戻す。この動きを繰り返す。逆の腕でも同様に行う

インナーマッスルのトレーニング

ラケットを立てて持ち、90度に曲げたひじを肩と水平に保つ

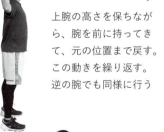

上腕の高さを保ちながら、腕を前に持ってきて、元の位置まで戻す。この動きを繰り返す。逆の腕でも同様に行う

チューブを使って

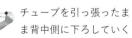

両手で持ったチューブを頭上で左右に引っ張る

チューブを引っ張ったまま背中側に下ろしていく

Point
肩甲骨を寄せる意識で行う

ひざの痛み

ソフトテニスで多いひざの痛みは、「ジャンパーひざ」と「オスグッド病」です。

ジャンパーひざとは、ひざのお皿の下にある膝蓋靭帯という靭帯に過度に引っ張られるような負荷がかかり、ひざ関節の曲げ伸ばしをする際に痛みが生じる傷害です。必ずしもジャンプが多いスポーツ動作で発症するとは限りません。

オスグッド病とは、成長期のスポーツ少年に多く発症する障害で、ひざのお皿の下あたりにある脛骨の脛骨粗面と呼ばれる部位に痛みや腫れ、熱感、隆起などの症状を引き起こします。成長期は骨が軟骨から成長する時期であるため、繰り返し負荷がかかり続けると、この成長軟骨が剥がれてしまいます。

どちらも主な原因は、太ももの前の大腿四頭筋にあると考えられています。ひざの曲げ伸ばし動作が多いことや、大腿四頭筋が硬い状態のままスポーツなどで負担がかかり続けることで痛みが生じます。

memo

大腿四頭筋と膝蓋靭帯

大腿四頭筋は太ももの前からお皿の下についている筋肉で、膝蓋靭帯は大腿四頭筋とつながっている靭帯です。膝蓋靭帯は脛骨粗面についているため、ひざの曲げ伸ばし時や、曲げた状態で支えるなど、大腿四頭筋がたくさん使われることで負担がかかり、靭帯部分や骨に炎症が生じます。

ひざの痛みの対処法と予防方法

ジャンパーひざもオスグッド病も、痛みがある場合は安静とアイシングが基本になります。痛みが引いてきたら、負荷の軽い運動から徐々に負荷を上げていき、本格的な練習に復帰していきます。ただ、根本的な原因を解消していないと痛みを繰り返しやすいため、ストレッチなどで予防とケアを行います。

大腿四頭筋の筋膜リリース

Point
とくに硬い（痛さを感じる）部分はその場所でローラーを止めて、痛みが和らぐまで圧迫しておく。嫌な痛さがあるときはその場所は避けて行う

うつ伏せになり、太もも前に当たるように置いたローラーや硬式テニスボールを、ひざの上からももの付け根にかけて前後に転がしてほぐす

大腿四頭筋ストレッチ

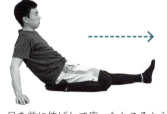

足を前に伸ばして座ったところから片側のひざを曲げる。ひざに痛みがなければ、そのまま上向きに寝るように体を後ろに倒していく

NG 折り曲げた脚が外を向いている

スクワット

Point
腰を下ろすときに上半身が前のめりにならないように注意する

ひざ伸ばし

背すじを伸ばしイスに浅く腰かけた姿勢から、両ひざをつけたまま片脚を上げてひざを伸ばす

前から

横から

足を肩幅より少し広く開き、両手を頭の後ろで組む

股関節を曲げてお尻を後ろに突き出し、ひざの角度が直角になるまで腰を下ろす

Point
つま先は上に向ける。ひざを伸ばすときに上半身が後ろに倒れないようにする

シンスプリント

シンスプリントとは、日本語では「脛骨過労性骨膜炎」と言い、下腿（すね）の内側に痛みが起こる傷害です。走ることの多い競技で疲労が溜まったときに発症しやすく、中高生のとくに新人選手に多く見られます。

予防方法としては、下腿周囲の筋肉を強化することと、日頃からふくらはぎや足の裏をほぐすなどして、筋肉の緊張や疲労を除去しておくことが有効です。また、ランニング量の調整や、インソール（シューズの中敷き）などを活用し扁平足のような不良アライメントを矯正・サポートすることも、効果的とされます。

シンスプリントの処置法

受傷直後は RICE 処置を行います。受傷後から3日間にあたる急性期（炎症期）は、ランニングは完全に休止します。体重をかける動きも避け、プールでの歩行やエアロバイクなどの器具を用いて持久力や心肺機能の低下を最小限にとどめるようにします。それと並行して、足関節・ひざ関節・股関節のストレッチ（51ページなど）で可動域の向上を図りましょう。

痛みが緩和してきたら、チューブトレーニング（100ページなど）など軽い負荷でのトレーニングから開始し、歩行、ジョギング、ランニングと、徐々にスピードを高めていきます。

---

memo

シンスプリントの原因

シンスプリントの原因は、ランニング量や強度を急激に高めたこと、扁平足（内側縦アーチの低下）や回内足（かかとが内側を向いている状態）などのアライメント不良、足関節の柔軟性の低下や下腿の筋力不足などが挙げられます。

第5章

トレーニング計画

ソフトテニスは年間にたくさんの大会が行われます。出場するすべての試合に、最高のコンディションで臨むのはほとんど不可能と言っていいでしょう。どの大会に出場するかを決め、より重要な試合に調子のピークを合わせるにはどうすればいいかを考えます。

年間計画を立てて
実際にトレーニングを進める

試合を重要度でランク分けする

　試合当日に調子のピークを迎え、最大限のパフォーマンスを発揮するために「計画性」が重要であること。そして、試合までの期間をいくつかに分け、トレーニング内容を変化させる「ピリオダイゼーション（期分け）」については、第1章で述べました。本章では、年間計画の立て方と実際のトレーニングの進め方を解説していきます。

　まず右のような表をつくり、年間52週に分けて、出場予定の試合をすべて記入します。ピリオダイゼーションでは、それらの試合までを準備期（前半）、準備期（後半）、試合期、移行期と4つの周期に分けます。時期によっては毎週のように試合があるため、すべての試合をじっくりと準備して当日を迎えられません。そこで試合を重要度によってA、B、Cとランク分けします。

　Aは絶対に勝ちたい、あるいは勝たなければいけない試合です。選手である以上、当然すべての試合に勝ちたいですし、勝ちにいって構いません。ただし、人間には必ず好不調のリズムがありますから、重要度の最も高いAの試合にピークを持っていくようにします。体のコンディションとともにメンタルも合わせるため、Aは年間3～4の大会になってきます。

---

memo

**計画的に練習を
実施する**

　選手はどの試合でも勝ちたいと思うのが当然です。でも、なかなかそんなことは叶いません。どうしても重要な試合で成果を出せるように試合を絞ることが必要で、絞った試合ではしっかり結果を出せるようにします。

準備期Ⅰと準備期Ⅱ

　121ページの表にある準備期Ⅰは、強化の負荷レベルが強くなり、体力的に低下させる時期です。準備期Ⅱは負荷はかけるものの、徐々に負荷を低下させ、試合期につなぐ時期になります。

年間計画表（例）

チーム名：○○高校　競技名：ソフトテニス　氏名：軟庭太郎

週	月／日	重要度	競技会予定	メゾサイクル	ミクロサイクル	トレーニング課題	トレーニング内容
1	4/1～4/7			① 試合期	試合専門準備	機能的体力の向上	スピード
2	4/8～4/14	C	地方大会ブロック予選		試合週間		スタミナ
3	4/15～4/21	C	地方大会・個人県予選				敏捷性（総合Ｔｒ）
4	4/22～4/28	C	地方大会・団体県予選				ウエイト
5	4/29～5/5	B	全国高校ブロック予選				総合Ｔｒ
6	5/6～5/12	B	全国高校・個人県予選				総合Ｔｒ
7	5/13～5/19			② 移行期	回復週	疲労の回復と体力維持	ジョギング・ストレッチ
8	5/20～5/26				試合専門準備		総合Ｔｒ
9	5/27～6/2	B	地方大会	③ 試合期	試合週間	機能的体力の向上	総合Ｔｒ
10	6/3～6/9	B	全国高校・団体県予選				総合Ｔｒ
11	6/10～6/16	C	国民スポーツ大会県予選				総合Ｔｒ
12	6/17～6/23				回復週		ジョギング・ストレッチ
13	6/24～6/30				試合専門準備		総合Ｔｒ
14	7/1～7/7	C	県高校選手権		試合週		総合Ｔｒ
15	7/8～7/14				回復週		ジョギング・ストレッチ
16	7/15～7/21	B	各地域高校選手権		試合週間		総合Ｔｒ
17	7/22～7/28	A	全国高校選手権				総合Ｔｒ
18	7/29～8/4				回復週		ジョギング・ストレッチ
19	8/5～8/11				試合専門準備		総合Ｔｒ
20	8/12～8/18	B	国民スポーツ大会ブロック予選		試合週		総合Ｔｒ
21	8/19～8/25			④ 移行期	回復週	疲労の回復と体力維持	ジョギング・ストレッチ
22	8/26～9/1			⑤ 準備期	強化期	秋に向けての強化	ウエイト・スタミナ
23	9/2～9/8						ウエイト・スタミナ
24	9/9～9/15			⑥ 試合期	試合専門準備		総合Ｔｒ
25	9/16～9/22	A	国民スポーツ大会		試合週		総合Ｔｒ
26	9/23～9/29			⑦ 移行期	回復週		ジョギング・ストレッチ
27	9/30～10/6			⑧ 準備期I	鍛錬期I	基礎的体力の向上	ロングディスタンス
28	10/7～10/13					筋力・スタミナ強化	ウエイト・スタミナ
29	10/14～10/20						ウエイト・スタミナ
30	10/21～10/27			⑨ 試合期	試合専門準備		総合Ｔｒ
31	10/28～11/3	C	県新人大会・個人		試合週間		総合Ｔｒ
32	11/4～11/10	C	県新人大会・団体				総合Ｔｒ
33	11/11～11/17			⑩ 準備期I	回復週	基礎的体力の向上	ジョギング・ストレッチ
34	11/18～11/24				鍛錬期II	筋力・スタミナ強化	ウエイト・スタミナ
35	11/25～12/1					スピード・敏捷性	総合Ｔｒ
36	12/2～12/8	B	県選抜予選		試合週		総合Ｔｒ
37	12/9～12/15						ウエイト・スタミナ
38	12/16～12/22			⑪ 準備期II			ウエイト・スタミナ
39	12/23～12/29						ウエイト・スタミナ
40	12/30～1/5				試合専門準備		ウエイト・スタミナ
41	1/6～1/12			⑫ 試合期	試合専門準備		総合Ｔｒ
42	1/13～1/19	A	全国選抜ブロック予選				総合Ｔｒ
43	1/20～1/26			⑬ 準備期I			総合Ｔｒ
44	1/27～2/2	C	県高校選手権シングルス		鍛錬期I	基礎的体力の向上	
45	2/3～2/9					筋力・スタミナ強化	ウエイト・スタミナ
46	2/10～2/16						ウエイト・スタミナ
47	2/17～2/23				鍛錬期II	スピード・敏捷性	ウエイト・スタミナ
48	2/24～3/2						ウエイト・スタミナ
49	3/3～3/9			⑭ 準備期II			ウエイト・スタミナ
50	3/10～3/16				試合専門準備		総合Ｔｒ
51	3/17～3/23			⑮ 試合期			総合Ｔｒ
52	3/24～3/30	A	全国高校選抜大会		試合週		総合Ｔｒ
53	3/31～				回復週		ジョギング・ストレッチ

※総合Ｔｒ＝総合トレーニング

実際にトレーニングを進める
年間計画を立てて

高校生であれば、1つは夏のインターハイ出場がかかる都道府県予選やインターハイ本番、もう1つは3月の全国選抜大会につながる秋の都道府県新人大会や全国がかかる冬の地方大会、あるいは全国選抜の本番になるでしょうか。

Cは負けたとしてもその後に影響がない、重要度が最も低い試合です。たとえば市民大会やメーカー主催の大会など、上の大会につながるわけではなく、練習の一環として出場するような試合が該当します。BはAほど重要ではないけれど、きっちり勝っておきたい試合です。全国の舞台で優勝を目指すような選手なら、都道府県予選はBになるかもしれません。

ピリオダイゼーションにおけるトレーニングは、Aの試合を基準に進めていきます。つまり、たとえば準備期（後半）にBの試合を迎えたり、移行期で疲労が残っている中でCの試合に臨まなければいけなかったりするということです。

ソフトテニスに大切な体力要素

具体的なトレーニングに入る前に、ソフトテニスに必要な体力要素を確認しておきましょう。主に以下のような体力要素が必要になります。

▶ ソフトテニスに必要な体力要素

全身持久力…長く動き続けるための能力　　柔軟性…大きく動くための能力

筋持久力…同じ動きを繰り返すための能力　　筋力…大きい力を発揮するための能力

瞬発力…素早く動き出すための能力

敏捷性…素早く方向を変える、ストップするための能力

コーディネーション…うまく動くための能力

スピード…速く動くための能力

ただし、これだけの多くの要素を一度に手に入れようとしてもうまくいきません。早く山頂に到着したいからと危険な道を通ったり、急ぎすぎてペースを崩したりすると、ケガしたり道に迷ったりして、到着できなくなります。

では、どの要素を軸にトレーニングをしていくべきか。筋肉の組織（筋線維）は、大きく「速筋」と「遅筋」の2種類に分けられます。遅筋は持久力を発揮するときに使用される筋肉で、速筋は瞬発的に大きな力を出す筋肉です。

日常生活の動作では、主に遅筋が働き、速筋はほとんど働いていないため、速筋の筋力が低下しても、その変化になかなか気づきません。また、速筋はゆっくり動くことに対しては関与する特性があり、長距離走のようなトレーニングをし続けると、速筋自体もゆっくり動くことに慣れていきます。一方、速筋のように速く動くことができない遅筋は、速筋のトレーニングを行っても関与しません。つまり、速筋はトレーニングをしておかないと、筋肉は遅筋の性質が強くなっていくということです。

ソフトテニスは、自身のレベルや相手とのレベル関係、何ゲームマッチで行うか、男女や世代の違いにもよりますが、「10メートル以内のダッシュを間欠的に30〜40分繰り返す」という競技だと言えます。厳密には、前衛は速い動きが求められ、後衛は持久系の体力要素が必要になります。ただ、後衛もスピードが不可欠ですから、ソフトテニスではすべての選手が速筋のトレーニングを軸に強化していくのがいいと思います。

トレーニング計画

第1章 — 第2章 — 第3章 — 第4章 — 第5章 — 第6章 — 第7章 — 第8章

memo

ソフトテニスの競技特性は？

ソフトテニスを陸上競技の種目にたとえると何だと考えられますか？ 30分程度試合をするから、10000メートル走などの持久系種目でしょうか？ 実は、100メートルよりも短い短距離種目です。ただ、短距離を何回も繰り返すといった持久力が必要です。

コンディショニング計画表（例）

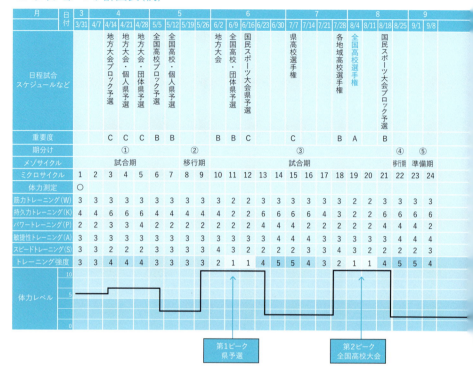

コンディショニング計画の立て方

まず試合のスケジュールを記入し、重要度がA（あるいはB）の大会に調子のピークを合わせる（＝「体力レベル」のグラフが高い位置に来る）ようにします。また、それらを基準に試合期、移行期、準備期などのメゾサイクルも決まってきます。

各「ミクロサイクル」の間には、1日の完全休養日を必ず取るようにしましょう。年に2、3回、定期的に体力測定を行うと、自分自身の体力の変化を把握できます。

「トレーニング強度」は、運動の量と質を総合的に見て、5段階評価で表しています（1→とても楽　2→やや楽　3→ふつう　4→ややきつい　5→とてもきつい）。「体力レベル」は、体調を総合的に見て10段階で表しています。0は「とても疲れる」、5は「ふつう」、10は「とても調子が良い」という状態を示しています。

具体的にどのようなトレーニングをどれくらい行うか

実際に行うトレーニングをここでは「筋力トレーニング」「持久力トレーニン

チーム名：○○高校　競技名：ソフトテニス　氏名：軟庭太郎

トレーニング計画

			10				11				12					1				2				3			
9/15	9/22	9/29	10/6	10/13	10/20	10/27	11/3	11/10	11/17	11/24	12/1	12/8	12/15	12/21	12/29	1/5	1/12	1/19	1/26	2/2	2/9	2/16	2/23	3/2	3/9	3/16	3/23
国民スポーツ大会								県新人大会・個人	県新人大会・団体		県選抜予選					全国選抜ブロック予選			県高校選手権シングルス								全国高校選抜大会
		A						C	C		B					A			C								A
⑥	⑦		⑧		⑨				⑩			⑪		⑫			⑬					⑭			⑮		
試合期	移行期		準備期I		試合期				準備期I			準備期II		試合期			準備期I					準備期II		試合期			
25	26	27	28	29	30	31	32	33	34	35	36	37	38	39	40	41	42	43	44	45	46	47	48	49	50	51	52
			○											○													
3	2	3	3	3	3	3	3	3	3	3	3	3	3	2	2	3	3	3	3	3	3	3	3	3	3	3	2
4	2	4	6	6	6	4	4	4	6	6	6	4	4	6	6	6	4	4	4	4	4	4	4	4	4	3	
2	2	2	4	4	2	2	4	4	2	2	4	4	2	2	4	4	2	2	2	2	2	2	2	2	2		
3	3	3	3	3	3	3	3	3	3	3	3	3	2	2	3	3	3	3	3	3	3	3	3	3	3		
3	3	3	2	2	2	3	3	3	2	2	2	3	3	3	2	2	2	3	3	3	3	3	3	3	3		
3	1	2	4	5	4	3						2	1	1	3	4	5	3	2	1							

第3ピーク
国民スポーツ大会

第4ピーク
選抜予選

第5ピーク
全国選抜

グ」「パワートレーニング」「敏捷性トレーニング」「スピードトレーニング」に分けています。各トレーニングは、それぞれの時期によって方法や回数、頻度が異なります。

「筋力トレーニング」は、鍛錬期には高負荷低回数で筋力を向上させますが、試合期には低負荷高回数のスピード系の内容になり、重さや回数が違ってきます。「持久力トレーニング」は、鍛錬期は長距離走のようなスタミナトレーニングを行い、試合期や準備期には、ダッシュとジョギングを交互に繰り返すようなテニスの試合に近いスタミナの養成になります。

フットワークや動き出しを意識した「敏捷性トレーニング」は、どの時期でも同じような内容で実施します。一瞬で大きな力を発揮することを目的とした「パワートレーニング」は、メディシンボール（重たいボール）やジャンプ系のトレーニングを中心に行います。どの時期でも共通のトレーニングを実施します。「スピードトレーニング」は、主にダッシュなど速く動く内容で、敏捷性トレーニングと共通して、ラン＆切り返しなどを行います。

表の各トレーニングの数字は、週に何回行うかを示しています。2は週に2回、6は週6回を目安に行います。

小学生のトレーニング

　本書は、主に中高生を対象にしていますが、ここではジュニアのうちから始め、トップアスリートへの近道につながる1つの方法として、コーディネーション能力のトレーニングを紹介します。幼いときから取り組み、継続できれば、大きな能力アップにつながりますので、小学生のみなさんはぜひチャレンジしてください。

　一般的に、スポーツ選手を評価する際、「身のこなしが良い」「状況判断が良い」「ボールさばきがうまい」といった表現をします。子どもたちの動きを見ると、バランスをとるのがうまい子や、リズムに合わせて体を動かすことが得意な子がいます。このような子たちの動きをコントロールするのが、「コーディネーション能力」であり、コーディネーショントレーニングによって高めることができます。

　コーディネーションに優れているということは、運動神経が優れているとも考えられます。ただし、運動神経だけでなく、神経系の働きは生後から8歳あたりで80パーセント、12歳あたりでは90パーセントほど成長すると言われています。したがって、神経系を伸ばすには、より幼い時期からバランスをとりながら複数の動きを行ったり、リズムに合わせて跳ねたりするなど、さまざまな動作に対応できる能力のトレーニングが有効になります。

---

memo

手先を使えて体幹を使えない

　コーディネーショントレーニングでは、主に手先の使い方が上手になります。神経系の発達のためいいことですが、この手先の能力が優れることによって体（体幹）が発達したときに体幹をうまく使わず、手先でボールを打ち返す選手も見受けられます。

▶ コーディネーション7つの考え方

❶定位能力…動いている相手や味方、ボールと自分を関連させながら対応していく能力。代表的な運動は鬼ごっこ

❷変換能力…急に違う動きをしなければいけないときに、その状況に即した対応ができる能力

❸リズム能力…耳や目から入った情報を元に動きをつくり出すことや、イメージを現実の動きに変える能力

❹反応能力…1つや複数の合図に素早く対応し、必要な速度や正確性をもって行える能力

❺バランス能力…全身のバランスをとる能力。崩れた体勢を素早く元に戻せる能力

❻連結能力…筋肉間や筋肉と関節の動きなどをムダなく円滑に動かせるように調節できる能力

❼識別能力…目と手や足の動きの協調性を高め、ボールなどの用具のコントロールを円滑にできる能力

　以上のようなさまざまな動きに対する能力を最大限に高めることで、動きを素早く、かつ円滑に、さらには正確にこなせる能力が養われます。

基本的なコーディネーショントレーニング

❶1人で片手にボールを2個持ちます。2個を落とさずに交互に投げ上げ、片手でキャッチ。連続して行います。手の器用性のトレーニングです。
❷1人で両手を使って3個のボールを持ちます。ボールを連続的に投げ上げ、落とさないように連続して回していきます。お手玉と言われているものです。

---

memo

神経系トレーニングのジャグリング

　コーディネーショントレーニングの代表がジャグリングです。自転車に乗るのと同じように、一度できるようになればずっとできる神経系のトレーニングです。若年層では簡単に身につきますが、大人になってからでは時間がかかります。

Column 女子選手について考えるべきこと

　日頃から激しいトレーニングを行っている女子選手は、「エネルギー不足」「無月経」「骨粗しょう症」のリスクがあり、これらを「女性アスリートの三主徴」と言います。過剰なトレーニングやエネルギー不足が続くと、無月経などの月経異常を招きやすく、無月経状態が長期間続くと、骨粗しょう症を引き起こします。中学生や高校生のジュニア期に疲労骨折が多いのは、こうしたことに原因があるケースが多いです。

　これらを踏まえ、コンディショニングの部分で女子選手について考えるべきことがあります。

　まず体型的な部分において、女性は出産を行うことから骨盤横径が男性より大きく、それによりひざが内側に位置する傾向にあります。これを「Qアングル」と言い、男性よりも角度が大きくなる傾向にあります。この角度の大きさはひざへの負担に影響を与え、女性は男性よりひざの痛みの発生割合が高まります。

　また、性機能においては、月経は思春期になると、脂肪組織から分泌されるレプチンというホルモンが脳の視床下部を刺激することから起こると言われています。そうなると月経は子宮や卵巣で起こるものではなく、脳からの指令が必要であるため、精神的なストレスでも月経周期異常が起こります。したがって、スポーツにおけるストレス（プレッシャー、緊張など）の連続は、月経異常を起こす可能性があり、試合時のピークパフォーマンスにも大きな影響を与えています。

　さらに、若年女性の体型的な意識による食事制限などから、偏った食生活をしていたり、運動におけるエネルギー消費に見合った食事摂取ができていなかったりする場合があります。アスリートである以上、骨の成長や筋肉の増量などで体重は増える傾向にあるため、脂肪を減らした計画的な食生活も求められます。

「女性アスリートの三主徴」に陥ることなく、心身が良好な状態でトレーニングや試合に臨むために、日頃から適切なコンディショニングを心がけましょう。

第6章

食事のとり方

コンディションにおいて、日々のトレーニングや休養と同じくらい重要なのが食事です。なぜなら、食べ物は私たちの体をつくる材料そのものであり、きちんと食べることでトレーニング効果の向上やケガの防止、パフォーマンスの発揮につながるからです。

朝、昼、晩の3食を
バランス良くきちんと食べる

体は食べ物によってできる

　私たち生き物の体は、新陳代謝によって常に生まれ変わっています。また、自動車を動かすためにガソリンや電気が必要なように、体を動かすにもエネルギーが必要です。体をつくり、動かすエネルギーとなるのが食事です。摂取エネルギーが不足した状態で運動を続けると、密度の濃い時間のトレーニングやプレーができません。疲労が蓄積しやすくなり、コンディションの低下、貧血、ケガといったリスクが高くなります。

　人が生きていくうえで、とくに日頃から運動をする人は、大きく分けてエネルギー源になる「糖質（炭水化物）」「たんぱく質」「脂質」（「三大栄養素」と言う）と、体調管理に欠かせない「ビタミン」「ミネラル」という2つのタイプの栄養素が必要となります。

　糖質を含む主な食品は、米、パン、めん類、パスタなどです。たんぱく質は、肉や魚、卵、大豆などに多く含まれます。脂質は肉や魚類の脂身やラードなどの食用油脂類、マヨネーズなどのドレッシング類に含まれますが、摂りすぎると脂肪となって体に溜まってしまいます。ビタミンは野菜や果物から摂取し、ミネラルは野菜や果物、ひじきや昆布などの海藻、牛乳やチーズなど乳製品

---

memo

三大栄養素と
五大栄養素

　三大栄養素は生命活動や生活活動、スポーツをするときなどに使われます。ビタミンとミネラルを含めて「五大栄養素」と言い、ビタミンやミネラルはさまざまな物質の代謝をスムーズにし、三大栄養素と同様に生命維持に欠かせません。

から摂ると良いでしょう。

▶ スポーツにおける栄養の役割と関係する栄養素

❶エネルギーの供給…糖質、脂質（、たんぱく質）
❷エネルギー生産反応の円滑化…ビタミン
❸筋肉の肥大、骨の強化…たんぱく質、ミネラル
❹身体機能の調節…ビタミン、ミネラル、水、食物繊維

理想の食事とは

　農林水産省のホームページには、1日に何を、どれだけ食べたらよいかの参考にできる「食事バランスガイド」があります。食事の望ましい組み合わせやおおよその量が示されており、下のイラストのような食事が、理想のメニューと言えます。

　こうした食事を毎回できれば、コンディショニングにおける食事面では満点ですが、1日3回の食事ですべてこのように用意し、食べるというのは至難の業です。まずはできる範囲から取り組むようにしてください。

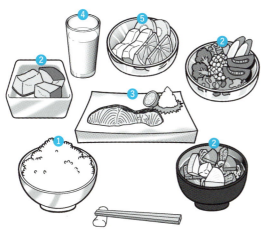

❶主食…ご飯、パン、めん、パスタなど
❷副菜…野菜、いも、きのこ、海藻類料理、汁物（毎食2品以上が理想）
❸主菜…肉、魚、卵、大豆のおかず
❹牛乳・乳製品…牛乳、ヨーグルト、チーズ
❺果物…オレンジ、いちごなど季節の果物

カルシウム摂取も欠かさない

五大栄養素には入りませんが、丈夫な骨や歯をつくる栄養素として、カルシウムも欠かすことはできません。とくに10代は、最大骨量（骨密度）を高められる最も大切な時期です。この時期を逃すと、十分な骨量を獲得することが難しくなります。カルシウムには骨や歯の形成以外にも役割があり、不足すると動きのキレが鈍くなったり、神経の平衡が保ちづらくなったりします。骨折や骨粗しょう症のリスクも高まります。

表　カルシウムの推奨量（mg/日）

年齢	男性	女性
8〜9歳	650	750
10〜11歳	700	700
12〜14歳	1000	800
15〜17歳	800	650
18〜29歳	800	650

朝食をしっかりとろう

普段の生活の中で食生活の良くない人がとても多いと感じます。食生活にもいろいろありますが、まず大切なのは朝、昼、晩と3食をきちんととることです。中学生や高校生の中には、朝食をとらずに学校に行っている人がいるのではないでしょうか？

朝食をとらないと、脳が正常に働きません。授業を受けていても、頭の回りが悪く、眠気が止まらずに何度もあくびが出るという感じになります。エネルギー不足になって、体のリズムが乱れ、脳や神経に悪影響を及ぼすだけでなく、場合によっては、病気やケガの引き金となってしまいます。

これは、脳の唯一のエネルギー源がブドウ糖（糖

---

memo

カルシウムが足りないと…

「日本人の食事摂取基準」で表のような推奨量が示されているカルシウムは、牛乳、ヨーグルト、豆腐や納豆などの大豆製品、ひじき、小松菜などに多く含まれています。400mg以下が継続すると骨の健康状態が損なわれると言われていますから、日常の食事から積極的に摂取しましょう。

memo

炭水化物の単品だけで済ませない

食事をコンビニエンスストアや牛丼チェーン店で買って済ませる機会も多いと思います。たとえばどんぶりやめん類を選んだとき、それだけで終わらせず、サラダなどの野菜や果物、乳製品を加えたり、納豆や豆腐などでたんぱく質をとったりすることで、バランスの良い食事に近づきます。

質）だからです。朝食で糖質（できればごはん、も
しくはパンなど）をとることで、朝から勉強に集中
できるわけです。その後、運動でさらに多くのエネ
ルギーを消費するスポーツ選手にとって、欠食は絶
対に禁物です。

間食は控えめに

　小腹が空いたときに食べるお菓子やアイスクリー
ムが好きという人は多いと思います。間食の食べ物
は、一般的に糖質や脂質、カロリーが高いものが多
いです。中でも脂質は体づくりの面で、大きな影響
を及ぼします。厚生労働省によると、１日の脂質摂
取量の目安（摂取目標量）は、総エネルギー（総摂
取カロリー）の20〜30パーセントとされています。
つまり、１日に必要なエネルギーが3000キロカロ
リーとすると、脂質の目標量は60〜90グラムとな
ります。

　一般的な定食の脂質は30グラム前後、カレーラ
イスやあっさりめのラーメンで20グラム強です。
ポテトチップスやカップのアイスクリーム、菓子パ
ンも20グラム強の脂質が含まれていますから、間
食を毎日とっていたらそれだけでカロリーオーバー
となり、体脂肪の蓄積につながります。

　たまに甘いものを食べる程度は構いません。ただ
し、頻繁に食べることは控え、小腹が空いたときは、
フルーツやヨーグルト、みたらし団子のような和菓
子がお勧めです。

memo

朝食抜きの
デメリット

　朝を抜くと、昼食を
食べる頃にはインスリン
拮抗ホルモンによって血
糖値が上昇しやすくなり、
昼食をとると、実際に血
糖値は通常より高くなり
ます。急上昇した血糖値
を下げるためにインスリン
が大量に分泌され、血
糖値を下げようとします。
このような血糖値の急上
昇、急降下は体への負担
も大きく、かえって肥満
になりやすくなります。

試合のときは
どんな食事をするべきか

糖質を中心に消化の良いものを

　食べるメニューやタイミングでパフォーマンスが変わってくるため、試合のときは少なくとも前日の夕食から考えていきます。まずは体を動かすエネルギー源であるグリコーゲンを筋肉や肝臓に貯めておく必要があります。ご飯やパスタのようなめん類など、糖質を通常より多めにとるようにしましょう。

　大事な試合の前にスタミナをつけようと、ステーキや焼き肉を食べる人もいるかもしれませんが、これはあまりお勧めできません。ましてや「勝つ」というゲン担ぎに、とんかつやカツ丼を食べるのは、コンディショニング的にはナンセンスです。揚げ物など油を多く使う料理や脂質の多い肉メインの料理は、胃の中での消化に時間がかかるからです。結果的に胃に食べ物が残った状態で寝ることになり、睡眠中も消化活動が続きます。そのような状態は胃に負担がかかり、睡眠の質を落としかねません。消化の良さで言うなら、さらさらと溶けていく雑炊のほうが睡眠時に胃を休められる効果も期待できます。

　また、お腹を下す可能性のある生ものや、腸内にガスが溜まりやすい食物繊維も控えたほうが良いでしょう。試合前の緊張状態から消化吸収がい

---

memo

食品の消化時間

　胃の中に入った雑炊や食パン、生野菜、りんご、バナナなどは100グラムあたり2時間ほど、うどんや煮魚、かぼちゃなどは3時間ほどで消化されます。一方、豚肉やベーコン、ロースハム、天ぷら、うなぎは4〜5時間かかります。試合前夜や当日朝は消化の良いものを中心に食べましょう。

つも通りに行われない可能性もありますから、普段食べ慣れていないものも食べないようにしてください。

試合直前はバナナがお勧め

試合当日の朝も、前日の夕食と同じように糖質中心で消化の良いものを食べるようにします。いよいよ本番を迎えた緊張感から食欲が湧かない場合もあるかもしれません。そういう人はうどんやおにぎりなど食べやすいものをお腹に入れておきます。

食べるタイミングも重要です。試合が始まる時間帯に、胃の中に消化しきれていない食べ物が残っていると、パフォーマンスは低下してしまいます。何を食べるかにもよりますが、できれば試合が始まる3時間前まで、遅くとも2時間前には食事を終えているのが理想です。

会場に到着して第2アップを終えた後、試合までにまだ時間があって空腹を感じたら、試合2時間前までに糖質中心の油の少ない軽食をとります。おにぎりやあんパン、カステラ、バナナ、だんごなどが適しています。会場に持っていくのは難しいですが、近くのお店を利用できる状況ならおもちやかけうどんも選択肢に入れてください。

試合1時間前から直前までに食べるとしたら、バナナなどの果物かエネルギーゼリーです。吸収が早く、エネルギー源になるものを摂取するのが良いとされています。

試合中は、チェンジサイズのタイミングなどにスポーツドリンクでうまく水分補給を行います。試合が長引くことを想定して、バッグの中にエネルギーゼリーやバナナを入れておくと安心です。

> **memo**
>
> **試合と試合の合間でとる食事**
>
> ソフトテニスでは1日に何試合か行うケースが多々あります。試合と試合の合間では、おにぎりやバナナ、フルーツジュースなどの糖質を中心に摂取します。コンビニで買えるうどんやそうめんもいいでしょう。消化に時間がかかる脂質やたんぱく質は避けてください。

試合のときはどんな食事をするべきか

体の回復には試合後の食事も重要

　試合で全力プレーをした後、体は蓄えていたグリコーゲンを消費して消耗しています。この状態が長く続くと、さらに疲労が溜まってしまいます。翌日も試合があれば、当然、パフォーマンスに影響しますし、試合がなくてもいかに疲れを残さないかが大切です。

　体のリカバリーをすみやかにするには、試合後30分以内に栄養補給を行います。これは試合のときだけでなく、日頃の練習後でも有効です。

　栄養素としては、グリコーゲンを補うための糖質と体をつくるためのたんぱく質がポイントです。おにぎりや果物、カステラとヨーグルト飲料、肉まんとお茶のような組み合わせが適しています。疲労感が強くて食欲が湧かないときや時間がないときは、エネルギーゼリーやプロテインバーなどでもオーケーです。

脂が多い補食は△

　日常的にソフトテニスをプレーしている人は、それほど体を動かさない人と比べて活動量が多く、エネルギーの消耗が激しいため、必然的に体に必要な食事量も多くなります。朝、昼、夕の3食だけでは摂取しきれないエネルギーと栄養素を満たすための食事を「補食」と言います。

▶ ○補食としてOK

おにぎり　肉まん　あんまん　カステラ　ぶどうパン　あんパン　ジャムパン　みたらし団子　ヨーグルト　フルーツゼリー　フローズンヨーグルト

▶ △お勧めできない

アメリカンドッグ　サンドイッチ　カレーまん　デニッシュパン　蒸しパン　カレーパン　ケーキ　カップラーメン　から揚げ　フライドポテト　高脂肪アイスクリーム

補食で、スイーツやスナック菓子、炭酸飲料などをとりすぎると糖質や脂質の過剰摂取となり、体に良くないというのは想像がつくと思います。他にどんなものが良くて、どんなものがあまり良くないのかを左下の一覧に示しています。

準備期の前半の食事

最後に、試合のとき以外の食事についても解説しておきましょう。

屋外だけでなく、インドアでもプレーできるソフトテニスは、年間を通して試合が続きます。その意味ではオフシーズンはありません。ただ、ピリオダイゼーション（期分け）の観点で見れば、準備期の前半はオフシーズンとも言え、基礎体力を向上させていきたい時期になります。基礎体力を向上させるには、筋力アップが不可欠で、そのためのトレーニングはもちろん、食事でもそれに見合った意識が必要です。

準備期前半は、コートでの技術練習とは別にウエイトトレーニングのようなややハードなトレーニングが増えます。それによって筋線維が破壊されますが、壊れた組織を修復する力で筋線維が回復していきます。筋線維の破壊と修復を繰り返すことで、筋肉がこれまでよりも強い筋肉になることを「筋肥大」と言います。

破壊された筋線維を修復させるには、食事で糖質だけでなく、たんぱく質の摂取量を増やします。この時期は、筋肉量とともに体重も増えるのが一般的です。女子選手は「太りたくない」という思いから積極的なたんぱく質摂取を避けがちですが、そうした状態でハードなトレーニングに取り組むとエネルギー不足を起こしやすくなります。

> **memo**
>
> **筋力アップには
> 糖質も必要**
>
> 実は、たんぱく質だけを摂っていても筋肉には変わってくれません。筋繊維の修復には、適度な糖質、ビタミンやミネラルも一緒に摂ると良いとされています。「糖質は太る」というイメージが持たれがちですが、たんぱく質を合成する際に糖質が使われるからです。

| Column | 1日に必要なエネルギー量と摂取の目安 |

食事は1日にどれくらいとればいいのでしょうか。つまり、1日に必要なエネルギー量は、体重や体脂肪量、身体活動レベルなどによって異なります。

まず体重計などで自分の体重と体脂肪率を計測してください。「身体活動レベル」は、日常生活や運動などの活動量に応じて3つの段階に分けられます。1日のうち、座っていることがほとんどの人は「低い」、座っている時間が多いものの、軽い運動や散歩などをする人は「ふつう」、立っている時間や移動が多い人、または活発な運動習慣を持つ人は「高い」となります。

ソフトテニスに励んでいる読者のみなさんは、「身体活動レベルが高い」に該当します。下記の手順で自分に必要な1日のエネルギー量を計算してみましょう。

▶ 1.脂肪を除いた体重（除脂肪体重）を求めます

体脂肪量（kg）＝自分の体重（kg）×自分の体脂肪率％÷100
除脂肪体重（kg）＝自分の体重（kg）−自分の体脂肪量（kg）
（例）体重60kg、体脂肪率20%の人は…
60（kg）× 20（%）÷ 100 ＝体脂肪量12kg
60（kg）− 12（kg）＝除脂肪体重48kg

▶ 2.基礎代謝量を求めます。

アスリート用の基礎代謝量（kcal）＝ 28.5 ×除脂肪体重（kg）
（例）体重60kg、体脂肪率20%の人は…
28.5 × 48（kg）＝基礎代謝量1368kcal

▶ 3.身体活動レベルを確認します。

身体活動レベルは、1日あたりの総エネルギー消費量を1日あたりの基礎代謝量で割った指標です。ソフトテニスで活発な運動習慣を持っているみなさんは、12〜14歳は1.9、15〜17歳は1.95、18〜64歳は2.0となります。

▶ 4.自分の1日に必要なエネルギー量は？

1日に必要なエネルギー量（kcal）＝基礎代謝量（kcal）×身体活動レベル
（例）体重60kg、体脂肪率20%の16歳ソフトテニス選手が1日に必要なエネルギー量は… 1368（kcal）× 1.95 ＝ 2667.6kcal となります。

消費量と同等のエネルギー量の食事を摂取することが大原則になります。

第7章

メンタル
トレーニング

ソフトテニスでは、技術や体力とともにメンタルの良し悪しもパフォーマンスに大きく影響します。良い精神状態で試合に臨めなければ、最良の結果は得られません。自分で自分のメンタルをコントロールできるようになると、ワンランク上のレベルに到達できるはずです。

試合で実力を
発揮するためのメンタル

練習以外の時間を大切にする

　私は普段、高校生や大学生を対象に指導しています。その中で常々感じるのが、ソフトテニス以外の面、たとえば、座学や実技の授業態度、学生としての日常生活や発言、取り組み姿勢などに対する「もっとできるのでは？」という思いです。

　選手たちは、試合で勝ったときも負けたときも、過去を振り返って発言することが多いと感じます。勝てば「練習の成果が出た」「しっかりやったので勝てた」といった言葉を口にし、負ければ「力を出せなかった」「もっと頑張っておけば良かった」などと反省します。

　目の前に試合が近づくと、目標としていたものが目に見えてくるため、俄然やる気が出てくるようです。ただ、試合直前にいつも以上に一生懸命練習して、果たしてどこまでスキルアップできるでしょうか？　また、若い選手の多くは、技術力（スキル・ボールを打つ技術）にこだわっていますが、試合でなぜ自分の技術が発揮できないのか、わかっていない場合もあります。私は日頃から「普段の練習や取り組み姿勢が一番大切だ」と力説していますが、なかなか選手には伝わりません。

　ご理解いただけると思いますが、達成感や喜び、成果は苦労したからこそ得られるものです。苦労

---

memo

授業中もトレーニング

　私がこれまで接してきたさまざまなコーチの1人から、「授業中もトレーニングをする」というアドバイスをいただきました。背すじを伸ばし、背もたれを使わずに授業を受ける（背筋力強化）、黒板の四隅を顔を動かさずに眼だけで見る（眼球運動）、などです。簡単にできるので、みなさんもやってみてください。

しないで勝てる試合では勝っても喜びが少ないはずです。したがって、大きな目標にチャレンジするときは、大きな困難に立ち向かうからこそ、それを果たしたときに達成感や満足感を得られます。

どんな世界でも成功を手にする人は、日々の生活や自分の行い、行動に責任を持ち、中途半端にしません。毎日の生活や学校での授業態度、他人との接し方、食事の配慮など、強くなるために練習以外の時間を大切にし、決めたことはやり通す。その姿勢こそが、試合で実力を発揮するためのメンタルトレーニングになると感じます。

試合で実力を発揮できる選手は、日々の生活が違います。とくに中学生や高校生のみなさんにはそのことを理解し、ご自身の競技につなげていただきたいと思います。

memo

自分本位では結果も出ない

授業中は眠くなってすぐに寝てしまう。トレーニングはできるだけ楽に終われるように動作を緩慢にする。決まった時間しか練習しない。そんな自分本位の選手が、試合で最高の結果を出せるわけがありません。仮に出せたとしても、そういう偶然は何度も続きません。

試合で実力を発揮するためのメンタル

目的と目標

　新年を迎えたときや新学年になったときなど、誰でも「今年は頑張ろう」と決意するものです。新たな決意を持って頑張ろうとしたときには、目標を立てるのが有効です。みなさんは今年度、目標を持って前進できていますか？

　目標と同じように目的という言葉もあります。目的は的（まと）を目指し、目標は標（しるし）を目指します。的は、円の中心といった感じで、一点を目指すような状態です。標は、矢印のように進むべき方向が定まりません。つまり、最後にどうなりたいのか、どこに行き着きたいのかが目的となり、その目的に行き着くまでのさまざまな方向変換などが目標となります。

　自動車のナビゲーションシステムでは、行き先を入力するとき、目標地とは言わず、目的地と言います。行きたい場所が明確だからです。はっきりと目的地がわからない場合は、「あそこを目標に行ってみよう」となります。スポーツでも、自分自身がどうなっていきたいかを考え、行き先を明確にすることが目的で、毎年、毎月、毎週に「次は何をしていこう」と考え、次々に変化したり、後戻りしたりしながら目標に向かって進んでいくわけです。

目的と目標のイメージ

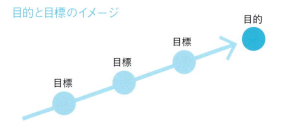

---

memo

目標の立て方

　目標には、「結果目標」と「プレー目標」があります。結果目標とは、到達すべき地点のことで、主に「〇〇大会優勝」などになるでしょう。プレー目標は、結果目標にいくための具体的な日々の達成目標になります。146ページで紹介する「やることリスト」自体がプレー目標の一部です。

目的を果たすためには

　最近の若い選手は、目的を明確にすることがなかなかできません。小さな目的でもいいから考えてみてください。「県大会優勝が今の目的。そのために今週はこういう練習をする」。このように行き先ややることが明確になっているからこそ、目指すところにすみやかに進んでいけます。学校やクラブチームでは、顧問の先生や指導者が目標を提示することは多いですが、重要なのは、選手自身がそれを真剣に考えているかどうかです。

　私はこれまで多くのチームと関わってきましたが、「全国大会の個人戦でベスト4以上が目標です」と、簡単に言っている高校生を数多く見てきました。全国の高校でこう答える選手は、数百人になるかもしれません。言うまでもなく、ベスト4はダブルスでは4ペアしかなれません。では、「そのために何をするべき？」と聞くと、ほとんどの選手に具体的なプランはなく、「練習します」という回答が返ってきます。

　どの学校やチームも一生懸命に練習していますから、何か違ったチャレンジをしないと変化はありません。また、全国ベスト4を目指すなら、そのためには何が必要なのかをしっかり分析しないといけません。誰もが行きたい世界ですが、簡単に行けるのなら苦労はしません。苦しい状況を乗り越えるからこそ、達成感が得られることを知ってもらいたいと思います。ぜひ明日の練習からしっかり目的と目標を立て、みんなで共有して強いチームづくりを行ってください。

メンタルトレーニング

第1章 — 第2章 — 第3章 — 第4章 — 第5章 — 第6章 — 第7章 — 第8章

---

memo

分析の必要性

　自身の目標を立て、技術を伸ばすことは最も重要なことですが、対戦相手はさまざまな戦術で立ち向かってきます。ソフトテニスでは、初戦以外は対戦相手が事前にわからないため、相手の分析は難しいでしょうが、どういった特徴があり、どこに弱点があるかなど、少しでも分析する目を持つことは重要です。

目的を達成するための
メンタルトレーニング

体の動きは心が決める

　これまでに多くの試合を見てきた私の経験の中で、選手が技術を発揮させているのは精神の安定度やプラス思考、モチベーションといったメンタルに起因するところがたくさんありました。その点からソフトテニスにおいて最も重要な要素は、メンタルであると言っても言い過ぎではないと思います。

　練習と試合の違いを考えてみてください。練習は何のためにやっていますか？「強くなりたい」「うまくなりたい」「勝ちたい」といった理由が挙げられるはずです。強くなるためには、体力強化も必要と考える指導者もいますが、ほとんどが技術練習になると思います。そういう意味でも、一般的な「心・技・体」の重要性が浮かび上がってきます。

　それでは、試合では何が必要になるのでしょうか？　もちろん、技術は必要ですが、練習でできなかった技術が突然、試合で出せることはまずありません。つまり試合では、練習でやってきたことがどれだけ出せるか、ということになるでしょう。

　私は常々、「体の動きは心が決める」と考えています。言い換えれば、自身のパフォーマンス発

---

memo

練習は試合のごとく、試合は練習のごとく

　メンタルトレーニングで必要なことは、練習での意識（練習中の気持ちの持ちよう）です。練習時に試合のときの緊張をもって練習することは、試合時にも練習と同じ心持ちで戦えるということです。練習と試合をかけ離れたものにしないようにしましょう。

揮は脳のモチベーションや冷静さが担っている、ということです。したがって練習は試合のごとく、試合は練習のごとく行うことが重要であり、日頃から試合の場面をしっかり考えた練習の必要性を感じています。

今の自分には何が足らないか

　心・技・体それぞれを100点満点で考えたとき、練習時のみなさんの心は何点か考えてみましょう。体は30〜50点、技は70〜100点だけど、心は0〜20点という人が多いように思います。それは技術のみを考えた練習ということです。練習ではプレッシャーがかかりませんから、自分の力が出しやすいわけです。

　それを踏まえたうえで、試合のときの心技体は何点になりますか？　心が0〜20点では望むような結果は得られません。練習時にほとんど意識していなかった心は、試合になるとその重要度が一気に跳ね上がります。自分が持っているものを出し切るには、70〜80点は必要でしょうか。メンタルトレーニングの必要性は、こういったところから考えていかなければなりません。

　私が考えるメンタルトレーニングは、大きく分けて2つの要素です。1つは、自身がどうなりたいかという思いに対するモチベーションやイメージを明確にすること。もう1つは、試合の場面に訪れる緊張やゾーンといった現場での対処法です。

　そもそもメンタルトレーニングの根本的な部分は、目的や目標設定が明確か、あるいはそれに対してどれだけ強いモチベーション（やる気）を持っているか、持ち続けていけるかだと思います。先述したように、誰でも「ベスト4に入りたい」

---

memo

振り子集中トレーニング

　穴の開いたコインを紐でぶら下げて顔の前で持ち、頭の中で「縦に揺れろ、横に揺れろ」と話しかけます。すると手は、縦や横に動かしていないのに、話しかけた通りにコインが動くというのが、振り子を利用したメンタルトレーニングです。しっかり集中して1つのことを唱えると、指先の繊細な神経までも自然にコントロールできるというものです。

第1章 — 第2章 — 第3章 — 第4章 — 第5章 — 第6章 — 第7章 — 第8章

メンタルトレーニング

目的を達成するための
メンタルトレーニング

といった目的や目標はあっても、そこに行くための具体的な方法を持っていないケースが多いです。ライバルたちも同じように必死に練習しています。そういう中で目指すものが決まったら、そこがどんなところで、目的や目標を達成するための練習がどういうものかにフォーカスする。そして、今の自分には何が足らないのか、何をしなければいけないのかを考える必要があります。

試合ではモチベーションが不可欠

具体的なメンタルトレーニングとして、「やることリスト」を作成し、自分がやらなければいけないことを明確にします。ただ、人というのは弱いものです。自身の決めたこともすぐに妥協してしまうところがあります。たとえ立派なリストをつくっても、良いモチベーションや根気がなければ、計画を立てただけになってしまいます。

そこで必要なのが、他人の力を借りる（バディシステム）ことです。目標設定やそのための「やることリスト」の実行、それを継続していくまでを他人の目でチェックしてもらいます。自身の「やることリスト」を共有し、自分の妥協を認めたり、仲間の頑張りを称えたりしながら、目標に

やることリスト

①攻撃面（オフェンス力）		②守備面（ディフェンス力）
③体力面（フィジカル）	【目標】	④精神面（メンタル）
⑤チーム力（役割・バディの関係）		⑥日常生活（学業・私の生き方）

向かって「やることリスト」に書いたことが実現するように、お互いに高めていくことが大事です。

次に、試合現場でのメンタル技法です。私は、試合で勝つためには「絶対に勝ってやる」という大きなモチベーションが必要と考えています。相手も同じような意気込みで試合に臨んできますが、モチベーションで負けていてはその時点で終わりです。相手が技術的にレベルの高い選手であるほど、モチベーションで上回らなければやられてしまいます。

まずそういう意味からも、チーム全体やペア間でサイキングアップ（精神的緊張や興奮水準を高めるための精神コントロール技法の1つ）を行います。みんなで円陣を組んで声をかけ合ったり、ハイタッチをし合ったりして、これからの自分の行動にエネルギーを与えていきます。

脳内の準備→ゾーンに入る

ただ、気持ちを高めることとともに必要なのが、リラックス技法です。モチベーションのみが上がりすぎて、脳内に興奮性ホルモン（アドレナリン）が分泌しすぎても、体のコントロールや適切な判断ができません。そこで、脳に酸素を送り込み、酸素欠乏にならない呼吸法（腹式呼吸）でリラックスします。

脳内の準備が整うことが、選手の求めている「ゾーンに入る」ためのきっかけになると私は考えています。プレー中にゾーンに入りたいと考えてはいても、多くの人は何がゾーンなのか、自身がそういった体験をしたことがあるのか理解できていません。無意識にゾーンに入っていた経験をしても、次にどうやったらゾーンに入るのか、入

メンタルトレーニング

第1章 — 第2章 — 第3章 — 第4章 — 第5章 — 第6章 — 第7章 — 第8章

memo

腹式呼吸でリラックス

呼吸法は、お腹の中から呼吸をする腹式呼吸で、お腹を膨らませたり、ぺったんこにしたりして深いところで呼吸を行います。こうした呼吸によって興奮抑制のホルモン（セロトニン）が分泌され、興奮しながらも脳が冷静にコントロールできるような仕組みになります。

目的を達成するための メンタルトレーニング

り方がわからない。それは準備不足にあるように思われます。

　最後に、実際のソフトテニスの試合の場面を考えてみましょう。みなさんも７ゲームマッチの中で、ゲームカウント３－０でリードしたり、逆に０－３で追い込まれたりした経験があるはずです。両者に技術的な実力差がある場合は別ですが、そうでない場合、そのまま４－０や０－４でゲームセットを迎えることはほとんどありません。

　ゲームカウント３－１や１－３となり、負けている側がゲームを取り返します。この原因は、リードした側の余裕がある状態と後がなくなった側の割り切った心境の変化によって、勝つためのモチベーションの天秤が逆転した場面だと考えられます。つまり、メンタルの仕業です。したがって、天秤は即座に次のゲームで元に戻すことができますが、より大きく傾かせることもできます。

　元に戻せなければ、３－３のファイナルゲームまでもつれ、天秤はフラットになります。そのときの両者の心理状況を想像できますか？　リードして追いつかれた側はいよいよ後がなくなり、割り切りの心が出てきます。逆に、追いついた側はやっと追いついたという安堵の余裕が出てきます。それは心の隙でもあります。ファイナルゲームでは、最初にリードしていた側のプレーが冴え、逃げ切って勝利するという試合を私は本当にたくさん見てきました。

　このようにソフトテニスの試合では、流れやリズムをどう変化させるかなど、冷静な脳の判断やさまざまなメンタルの対応が必要です。ぜひ普段の練習からメンタルトレーニングをとり入れてください。

第8章

暑さ対策

近年、とくに夏期の猛暑日の増加とともに熱中症患者の発生数が増えています。熱中症にならないための予防対策や、熱中症が起きてしまったときの対処法を知っておくことで、練習や試合に不安なく臨めるようにしましょう。

さまざまな気象条件や
メンタルがもたらす熱中症

熱中症とは

　近年の夏場に最も気をつけないといけないスポーツ障害として、熱中症が挙げられます。熱中症とは、暑い環境で生じる障害の総称で、発生には、気温、湿度、風速、直射日光などが関係し、主に次ページのように４つの病型に分けられます。

　中学生や高校生の場合、食生活や睡眠不足、練習による疲労の蓄積とのバランスからも、熱中症の発生が関係していると考えられます。とくに試験期間中の睡眠不足後に、試合を控えているからと急激に練習をやりすぎるのは危険です。筋疲労と試合当日の精神的緊張も重なり、筋肉をこわばらせることで、筋けいれんが発生したり、熱疲労で倒れたりしてしまうわけです。

　私の経験から考えると、緊張から起こる熱中症もあります。緊張状態が高いと筋肉は常に収縮状態が続き、栄養素の取り込みも悪くなります。さらに内臓の働きも悪くなるため、水分や栄養素を円滑に筋肉に運搬できていない状況が起こりえるのです。

　その意味では、熱中症対策も普段からの体調管理（コンディショニング）が大変重要になります。指導者や保護者のみなさんには、簡単で構いませんので、選手たちの睡眠状態や栄養状態を確認し

---

memo

運動中の体重管理

　熱中症は、体内温度の上昇によって起こります。人間は体温が上昇したときに汗をかきますが、あらかじめ発汗量を調べることが重要です。運動前に体重を測っておき、運動中も体重チェックするのが理想です。１キロの減少は水分１リットルに相当しますから、体重が３パーセント程度減少していると要注意です。

ていただきたいと思います。それによって大切な
試合での不要なトラブルが防げるはずです。

▶ 熱中症の主な病型

❶熱疲労：危険度＝中

　発汗による脱水と皮膚血管の拡張による循環不全の
状態で、脱水感、倦怠感、めまい、頭痛、吐き気など
の症状が見られます。軽症の場合は水分と塩分を補給
することで回復しますが、嘔吐などにより水が飲めな
いときは点滴などの医療処置が必要です。

❷熱けいれん：危険度＝中

　大量に汗をかき、水（あるいは塩分の少ない水）だ
けを補給して血液の塩分濃度が低下したときに、足、
腕、腹部の筋肉に痛みを伴ったけいれん（こむら返り
のような状態）が起こります。下肢の筋肉だけでなく、
上肢や腹筋などにも起こり、ソフトテニスの試合で発
生しやすい障害です。

❸熱失神：危険度＝大

　皮膚血管の拡張と下肢への血液貯留によって血圧が
低下し、脳血流が減少して起こるもので、めまいや失
神（一過性の意識消失）などが見られます。顔面そう
白となり、脈は速くて弱くなります。軽症の場合は通
常、足を高くして寝かせるとすぐに回復します。

❹熱射病：危険度＝大

　体温上昇のために中枢機能に異常をきたした状態
で、体温調節も働かなくなります。反応が鈍い、言動
がおかしい、意識がないなどの意識障害が見られ、そ
こから進行すると昏睡状態になります。死亡率が高く、
死の危険のある緊急事態です。

暑さ対策

第1章

第2章

第3章

第4章

第5章

第6章

第7章

第8章

---

memo

熱中症の判断する
ポイント

　具合が悪くなった場合
には、早めに運動を中止
して必要な手当てをしま
しょう。指導者などが選
手を見るポイントとして、
足の運び・目の焦点・こ
ちらの質問にしっかり反
応できるかの3点を判断
の基準としてください。
少しでもおかしいと判断
したら涼しい所で休憩さ
せ、水分補給を行います。

さまざまな気象条件やメンタルがもたらす熱中症

熱中症が起こりやすい条件

　熱中症と言えば、炎天下に長時間いたり、真夏の暑い中で練習をしたりすることで起きると想像するかもしれません。実際、7〜8月頃にかけて大変多く発生しています。しかし、実際はそのように一括りにできず、年間を通じて発生する可能性があります。とくに以下のような環境では、熱中症の注意が必要です。

▶ 熱中症になりやすい環境

- ●気温が高い
- ●湿度が高い
- ●風が弱い
- ●日差しが強い
- ●照り返しが強い
- ●急に暑くなった

　熱中症は、梅雨の合間に急に気温が上がったなど体が暑さに慣れていない時期や、気温が低くても湿度が高いときに発生しやすいのも特徴です。また、屋内でじっとしていても、室温や湿度の高さから熱中症にかかることがあります。

熱中症が起きた場合の応急処置

　熱中症が起きたと考えられるケースでは、まずその人がどのような症状かを確認します。意識があるかどうか、ある場合は応答ができるか、言葉はわかりにくいが反応があるなどの程度も確認します。さらに呼吸や脈拍、顔色、体温、手足の温度などもチェックします。

　チェックが終わると、応急処置に移ります。熱中症の基本的な処置は、「休息」と「冷却」と「水分補給」です。

---

memo

発生しやすい時間

　熱中症に関する事故は、午前10時から午後2時の間に集中し、午前10時以前や午後6時頃にも起きています。練習中という観点では、4時間以内に発生するケースが目立つ一方で、1時間程度の短時間でも発生することがあります。

▶ 熱中症の応急処置

- 休息…安静を保ちます。このとき衣服を緩め、必要に応じて脱がせ、体を冷却させます。
- 冷却…クーラーの効いている室内や風通しの良い日陰など、涼しい場所で休ませます。また、全身に霧吹きで水を吹きかけ、うちわであおぐ、あるいは脇や太ももの付け根、首の後ろの動脈を冷やし、体に回る血液を冷却します。
- 水分補給…意識がはっきりしている場合に限り、水分・塩分の補給を行います。意識障害がある、吐き気がある場合は医療機関での輸液が必要となります。

図1

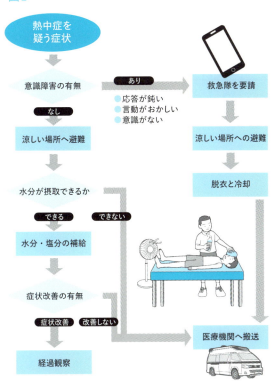

memo

体の冷却は？

熱中症では体を冷やさなくてはいけません。一般的な冷却法は、動脈を氷で冷やして循環の血液温度を下げますが、併せて背中の背骨に沿って氷をあて、体幹の軸（神経）から冷却することも効果的です。

練習や試合で
熱中症を起こさないためには

こまめに水分補給を行う

水分補給はソフトテニスプレーヤーにとって、とても重要です。とくに夏場は体温上昇や発汗による水分の喪失が起こりやすくなります。適切な水分補給は、熱中症予防だけでなく、パフォーマンスの向上やケガの予防にもつながります。

そのあたりの意識が高い選手は、奇数ゲームが終了してチェンジサイズをするとき以外にも、各ゲームの区切りで水分補給を行っています。練習現場では、水分補強の時間を指定しているチームもありますが、コート脇などに各自がスクイズボトルや水筒を準備し、いつでも給水をできるようにしておくのが望ましいです。

何を飲むかについては、軽い短時間の運動では水でも構いません。ソフトテニスの練習や試合では、0.1〜0.2パーセントの食塩水（水100ミリリットルに対して、食塩0.1〜0.2グラム）や市販のスポーツドリンクをお勧めします。15〜30分間隔で補給できるのが理想です。

体重の変化で水分摂取状況を確認

運動の前後に体重を測ると、どの程度の水分が発汗によって失われたかを知ることができます。体重の3パーセント以上の水分が失われると体温

---

memo

人の体の約6割は水分

人の体は体重の約60パーセントが「体液」（水分）でできています。体液には、血液循環の促進、酸素や栄養素を必要な組織に送る、汗をかき、熱を逃がすことで体温上昇を防ぐ、筋肉の動きを活性化するといった役割があります。体内の水分量は一定に保たれていますが、運動など体を動かして汗をかくと、体液状態にアンバランスが発生し、水分不足に陥ります。

調節機構に影響が出ると言われているため、練習前後の体重減少が２パーセント以内に収まるように水分補給を行いましょう。

　たとえば、体重50キロの選手が練習終了後に体重を計ると49キロになっていたとします。マイナス２パーセントですから何とか許容範囲です。これが48.5キロなら３パーセントの水分が失われたことになり、運動能力の低下だけでなく、熱中症の危険性が高くなっています。

服装を工夫する

　一般的に熱中症対策の服装は、長袖、長ズボンが好ましく、直射日光を浴びないことが推奨されています。ただし、スポーツ選手は運動することで直射日光による熱と同時に、自身の体からも熱を発生させて深部体温（体の深い部分）を上昇させています。したがって、発生している熱をいち早く放散する必要があり、汗をかいて皮膚表面の汗（水分）が乾燥する際に、熱が奪われることによって体を冷却しています。

　現在、ソフトテニスに多い服装として、黒いアンダーウェアを腕や脚に着け、筋肉に密着させています。これは、直射日光を避ける色としても適していないだけでなく、皮膚に密着したウェアはなかなか乾燥せず、濡れた状態が続きます。これでは体温を下げるための働きが失われ、体温上昇が続き、血管の膨張も促進されて循環にも影響が出ます。

　こういったウェアは改めて着用を見直す必要があるかもしれません。理想は吸湿性や通気性の良い素材で、外からの熱の吸収を抑え、体内の熱をスムーズに逃がす服装です。

> **memo**
>
> **その他の熱中症対策**
>
> 　日常的な対策では、暑さに負けない丈夫な体をつくることも大切です。バランスの良い食事を心がけ、適度な運動によって日頃から汗をかく習慣を身につけましょう。睡眠も重要です。通気性や吸水性の良い寝具を使い、エアコンも適度に使用してください。睡眠環境を整えぐっすり眠ることで、翌日の熱中症対策につながります。

筋肉や腱の名称を覚えよう

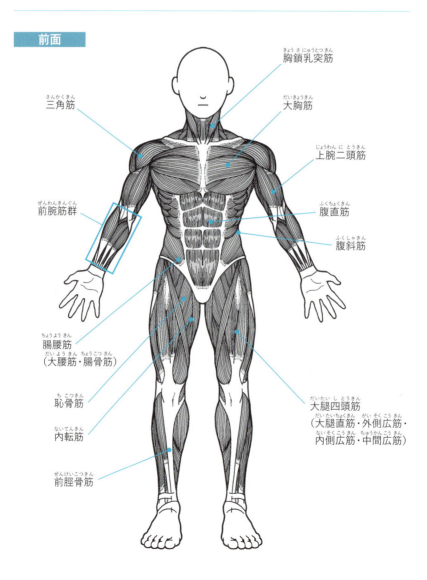

前面

基礎知識として、ソフトテニスに必要な主な筋肉や腱の名称を覚えましょう。最初からすべてを覚える必要はありませんが、名称を覚えておくことで、トレーニングの際に意識ができ、より高いトレーニング効果が期待できます。

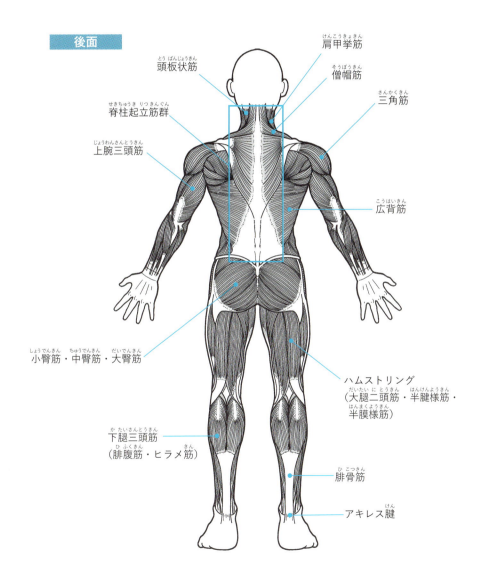

おわりに

『ソフトテニスのコンディショニング』、いかがだったでしょうか？

　人の体は生まれながらの個人差や生きていく中での経験の差によって、自身の体調の管理方法に違いがあると思います。今回ご紹介したさまざまなコンディショニングは、一般的なものですが、人を動物と考えた場合の具体例とお考えください。

　現在ソフトテニスの技術は飛躍的に向上し、とくに男子選手のフィジカル能力の高さには目を見張るものがあります。これは選手個々のコンディショニングに対する知識の向上や実際の取り組みの成果だと考えられます。今回、ＮＴＴ西日本の長江光一選手が私との対談にご登場いただきました。彼は長年にわたってトッププレーヤーとして高いパフォーマンスを維持し、今も向上させています。これは長江選手の日々のコンディショニングの成果にほかなりません。読者のみなさんもぜひ、参考にしていただきたいと思います。

　本書の発刊にあたり原稿執筆にご協力いただいた小野哲史さん、全体を構成していただいたライトハウスの伊藤翼さん、ベースボール・マガジン社の江國晴子さんには本当に感謝申し上げます。ありがとうございました。

川上晃司

著者

川上晃司　かわかみ・こうじ

1962年兵庫県生まれ。スポーツインテリジェンス株式会社代表取締役。天理大大学院修士。天理大体育学部准教授。日本スポーツ協会アスレチックトレーナー。2001〜2016年ソフトテニス男子ナショナルチーム、2016〜2018年女子ナショナルチームのトレーナー。2001年よりヨネックス株式会社アドバイザー。2019年より全日本トレーナーアドバイザーを務める。ソフトテニス選手のみならず、硬式テニス、アメリカンフットボール、プロ野球選手など数々のアスリートの指導にあたる。

撮影協力

市山裕梨　しやま・ゆり

スポーツインテリジェンス株式会社統括。至学館大学短期大学部卒業後、スポーツインテリジェンス入社。専門競技はバドミントン。現在、パーソナルトレーナー、専門学校講師、東芝姫路ソフトテニス部トレーナー、女子ナショナルチームトレーナーを務める。保有資格：NSCA-CPT、健康運動実践指導者。

尾形龍斗　おがた・りゅうと

大阪体育大学体育学部を卒業後、スポーツインテリジェンス株式会社入社。同社退社後、現在はフリートレーナーとして大学トレーニング施設での指導や、Body Assist 西宮でジュニアアスリートから高齢者まで幅広いクライアントにパーソナルトレーニング指導を行う。保有資格：NSCA-CSCS。

パフォーマンスを上げる！
ソフトテニスのコンディショニング

2024年9月20日　第1版第1刷発行

著　者／川上晃司

発行人／池田哲雄
発行所／株式会社ベースボール・マガジン社
　　　　〒103-8482
　　　　東京都中央区日本橋浜町2-61-9　TIE浜町ビル
　　　　電話　　03-5643-3930（販売部）
　　　　　　　　03-5643-3885（出版部）
　　　　振替口座 00180-6-46620
　　　　https://www.bbm-japan.com/

印刷・製本／広研印刷株式会社

©Kouji Kawakami 2024
Printed in Japan
ISBN978-4-583-11592-4　C2075

＊定価はカバーに表示してあります。
＊本書の文章、写真、図版の無断転載を禁じます。
＊本書を無断で複製する行為（コピー、スキャン、デジタルデータ化など）は、私的使用のための複製など著作
　権法上の限られた例外を除き、禁じられています。業務上使用する目的で上記行為を行うことは、使用範囲が
　内部に限られる場合であっても私的使用には該当せず、違法です。また、私的使用に該当する場合であって
　も、代行業者等の第三者に依頼して上記行為を行うことは違法となります。
＊落丁・乱丁が万一ございましたら、お取り替えいたします。